Beltz Taschenbuch 143

Über dieses Buch:
Die anorektische Frau lehnt das Essen ab und beschäftigt sich damit
doch mehr als die meisten Gourmets. Sie lehnt ihren Körper ab, konzentriert sich jedoch mit all ihrem Denken und Handeln auf ihn. Sie will
selbständig und unabhängig sein, verhält sich jedoch so, daß andere
Menschen sie nahezu zwangsläufig kontrollieren. Anorektische Frauen
verweigern sich der Art des Lebens, das ihnen zugedacht ist. Aber in ihrem Unwissen darüber, wie sie leben wollen, finden sie nur eine bizarre
Lösung: die Magersucht. Eine Lösung, die sich als komplette Fehllösung
erweist: Paradoxien, Verleugnung und Utopien beherrschen das Leben.
Ausgehend von einem solchen Verständnis der Anorexie als Lösungsversuch wird in diesem Buch das Verhalten und Erleben anorektischer
Frauen beschrieben und es werden Wege aufgezeigt, wie eine konstruk-
tivere Lösung für das eigentliche Problem dieser Mädchen und Frauen
gefunden werden kann. Ausgehend von einem kommunikationstheoretischen Ansatz werden allgemeine therapeutische Settings und Methoden beschrieben. Zentrales Thema ist die therapeutische Beziehung,
wobei auch Aspekte des TherapeutInnenverhaltens diskutiert werden.

Die Autorin:
Dr. Alexa Franke ist Professorin für Rehabilitationspsychologie an der
Universität Dortmund. Ihre Arbeitsschwerpunkte und Veröffentlichun-
gen stammen aus den Bereichen klinische Psychologie, psychosoziale
Versorgung, Psychosomatik und Gesundheitsforschung.

Alexa Franke

Wege aus dem goldenen Käfig

Anorexie verstehen und behandeln

Besuchen Sie uns im Internet:
www.beltz.de

Beltz Taschenbuch 143
2003 Beltz Verlag · Weinheim, Basel, Berlin

1 2 3 4 5   07 06 05 04 03

© 1994 Quintessenz Verlags-GmbH, Berlin – München
Umschlaggestaltung: Federico Luci, Köln
Umschlagillustration: Isaat N. Klytschew, Portrait der Tochter Ljalja. 1973
© AKG Berlin
Die Abbildung auf S. 88/89 ist mit freundlicher Genehmigung des Emma-Verlags entnommen aus: Franziska Becker, Feminax & Walkürax.
Köln, Emma-Verlag 1992, S. 44.
Satz: Ludwig Auer GmbH, Donauwörth
Druck und Bindung: Druckhaus Beltz, Hemsbach
Printed in Germany

ISBN 3 407 22143 6

Für Dieder

Inhalt

Vorwort und Einleitung

Nahezu 120 Jahre sind vergangen, seit die Anorexie erstmalig wissenschaftlich beschrieben wurde. Danach dauerte es jedoch lange, bis sie als Krankheit bekannt und als solche auch anerkannt wurde: 1972 wurden erstmals diagnostische Kriterien formuliert, die eine gewisse Verbreitung fanden, kurz darauf fand die Anorexie als „Verhaltensstörung des Jugendalters" Eingang in die großen internationalen Klassifikationssysteme. Heute wird sie gemeinsam mit der Bulimia Nervosa und der Adipositas zu den Eßstörungen gerechnet.

Eßstörungen haben seit einigen Jahren ungeheure Popularität in der Öffentlichkeit und den Medien, wobei die Anorexie besonderes Interesse auf sich zieht. Dies ist nicht verwunderlich: Menschen, die hungern, haben schon immer fasziniert. Es gab Zeiten, zu denen die Hungerkünstler auf den Jahrmärkten ausgestellt und bewundert wurden, und manche, die ihr Hungern in einen religiösen Kontext stellten, wurden gar als Heilige verehrt. Nicht ohne Grund ist der Hungerstreik eines der wirksamsten Mittel ansonsten Machtloser, ihre Interessen durchzusetzen und auf die eigene Lage aufmerksam zu machen.

Auch viele Instanzen des Gesundheitswesens haben sich des Themas Anorexie angenommen. Krankenkassen, Ärzteverbände, die Gesundheitsministerien des Bundes und der Länder, nationale und internationale Gesundheitsverbände, Volkshochschulen, Frauen- und Erziehungsberatungsstellen, Selbsthilfegruppen – sie alle bieten Informationen und Beratung zum Thema an und wenden sich nicht nur an die (potentiell) Betroffenen selbst, sondern auch an spezifische Zielgruppen wie Erzieherinnen und Erzieher, Lehrerinnen und Lehrer und Eltern, damit diese Mädchen und Frauen vor Eßstörungen bewahren sollen.

Begründet werden diese ungeheuren Anstrengungen damit, daß das Auftreten der Anorexie in den letzten Jahren erheblich zugenommen haben soll. Diesbezüglich ist jedoch Skepsis angebracht. Eine sehr sorgfältige Analyse von 29 großen internationalen epidemiologischen Untersuchungen der letzten 25 Jahre bestätigt eine Zunahme der Inzidenz, also der Zahl der Neuerkrankungen in einer Bevölkerung in einem bestimmten Zeitraum, jedenfalls nicht, sondern kommt zu dem Schluß, daß Anorexia Nervosa weiterhin eine seltene Störung ist und es keinen Beleg dafür gibt, daß das „wahre" Auftreten sich wirklich entscheidend verändert hat (Fombonne 1995).

Verändert hat sich jedoch eindeutig die Häufigkeit, mit der die Anorexie diagnostiziert wird. Dies ist zu einem beträchtlichen Teil ihrem steigenden Bekanntheitsgrad zuzuschreiben: Fachleute erkennen die Erkrankung schneller, übersehen sie seltener und stellen weniger Fehldiagnosen, und den Betroffenen und ihren Angehörigen fällt es leichter, die Erkrankung nicht zu leugnen und um professionelle Hilfe nachzusuchen.

Ein weiterer Grund für die Erhöhung der diagnostizierten Anorexiefälle liegt darin, daß sich die diagnostischen Kriterien in Richtung auf eine Schwellenerniedrigung verschoben haben. Musste in den diagnostischen Kriterien von 1972 der Gewichtsverlust noch 25% gegenüber dem Ausgangsgewicht betragen, so gilt jetzt als diagnostisch relevante Marke ein Gewichtsverlust von 15%. Auch die Kriterien hinsichtlich der körperlichen Symptome sind abgeschwächt, die Anforderungen hinsichtlich der kognitiven Variablen und des Umgangs mit Essen und Nahrungsmitteln sind reduziert worden. Wurde früher zum Beispiel noch Vergnügen am Gewichtsverlust gefordert, so verlangt das DSM heute nur noch ausgeprägte Angst vor einer Gewichtszunahme – ein Kriterium, das auch bei vielen nicht-anorektischen Frauen diagnostiziert werden könnte.

Doch unabhängig von der Anzahl anorektischer Mädchen und Frauen ist es wichtig, daß jede von ihnen einen Weg findet, gesund zu werden. Dieses Buch wurde vor acht Jahren geschrieben, um Personen, die mit Anorexiepatientinnen zu tun haben, Hilfestellungen für den Umgang mit ihnen zu vermitteln. Als der Verlag anbot, es im Taschenbuch herauszubringen, zögerte ich zunächst – die Zeit schien mir zu lang, um es ohne eine gründliche Aktualisierung noch einmal zu publizieren. Das neuerliche Lesen des eigenen Buches zeigte mir dann aber, daß mein Zögern unbegründet war. Das, was mir zum Thema Anorexie wichtig ist und von dem ich meine, daß es für den Umgang mit anorektischen Frauen relevant ist, hat heute die gleiche Aktualität wie bei der Erstveröffentlichung. Mir war und ist es ein Anliegen, anorektischen Mädchen und Frauen und all denen, die mit ihnen im täglichen Leben und als Professionelle zu tun haben, Mut zu machen und zu zeigen, daß es Wege aus der Krankheit gibt. Die Anorexie ist eine ernstzunehmende Krankheit. Aber sie ist, davon war und bin ich fest überzeugt, nicht Ausdruck von Selbstzerstörung, sondern Ausdruck eines verzweifelten Kampfes um das Recht und die Möglichkeit, das eigene Leben nach den eigenen Vorstellungen und Wünschen zu gestalten. Wenn anorektische Menschen lernen, die Energie, die sie in die Krankheit investieren, in die Realisierung eines eigenen Lebensentwurfs umzulenken, können sie den Weg aus ihrem goldenen Käfig finden.

Einige Kleinigkeiten hätte ich für die Neuauflage natürlich gerne überarbeitet und auch einige neuere Forschungsergebnisse nachgetragen. Der technische Aufwand wäre jedoch so groß gewesen und hätte solche Kosten verursacht, daß ich mich im Sinne eines günstigen Verkaufspreises entschlossen habe, den eigenen Perfektionismus zu bändigen und an dieser Stelle auf die nötigen Veränderungen hinzuweisen. Ich tue dies in der Reihenfolge der Kapitel:

Im Kapitel **Anorexia nervosa und Magersucht: Ein Exkurs zur Terminologie** wandte ich mich gegen die Subsumierung der Anorexie unter die Sucht-Erkrankungen. Hier ist inzwischen eine erfreuliche Veränderung festzustellen. Es besteht heute auch in der deutschen Literatur weitgehend Konsens darüber, daß die Anorexie den Eßstörungen und nicht den Abhängigkeitserkrankungen zuzurechnen ist. Die fälschliche Einordnung unter die Suchterkrankungen hatte wohl vor allem einen sprachlichen Hintergrund, der durch den deutschen Begriff „Magersucht" nahegelegt wurde. Dieser Begriff leitet sich jedoch nicht aus unserem heutigen Suchtbegriff ab, sondern aus dem mittelhochdeutschen „siech", das seine Spuren auch in Begriffen wie Gelbsucht, Bleichsucht und Wassersucht hinterlassen hat. Sucht hat etymologisch nichts mit „suchen" zu tun, und die in der Populärliteratur oft zu lesende Behauptung, anorektische Frauen seien süchtig auf der Suche nach wahrer Befriedigung und verlagerten diesen Hunger nach Liebe und Anerkennung auf ihren Körper, wird durch noch so häufige Wiederholung nicht richtig. Anorexie ist nicht Ersatzbefriedigung, sondern ein fehlgeschlagener Lösungsversuch für andere, die Frauen überfordernde oder ihnen nicht bewußte Probleme.

Unbestreitbar haben sowohl die Anorexie als auch die Suchterkrankungen etwas mit Kontrolle und Kontrollverlust, Selbstwertproblematik und auffälliger Familiendynamik zu tun. Daß dies aber nicht reicht, um sie einer Krankheitsgruppe zuzuordnen, ist inzwischen glücklicherweise weitgehend anerkannt.

Im Kapitel **Partnerschaft und Ehe** hatte ich geschrieben, daß mir über verheiratete bzw. mit einem Partner zusammenlebende Patientinnen aus der Literatur nichts bekannt sei. Inzwischen habe ich einige wenige Artikel gefunden (vgl. Franke 2001). Sie alle beschäftigen sich mit der Persönlichkeit des Ehemannes der Patientinnen und kommen recht übereinstimmend zu dem Schluß, daß die Ehemänner anorektischer Frauen nicht neurotischer sind als Ehemänner in „nicht neurotischen" Ehen (Van den Broucke, Vandereycken & Norré 1997).

Zum Thema der **Wirkfaktoren aus der Sicht therapeutischer Schulen** gilt nach wie vor, daß nahezu alle Therapieschulen für sich in Anspruch nehmen, für die Anorexiebehandlung geeignet zu sein. Doch nach wie vor fehlt eine Vergleichsstudie zur unterschiedlichen Effektivität verschiedener therapeutischer Verfahren oder gar zur differentiellen Effektivität bei spezifischen Indikationsstellungen. Eine große 6jährige „multizentrische Studie" in 43 psychoanalytisch orientierten Kliniken kann sicherlich als erster Schritt in die Richtung vergleichender Therapieforschung gewertet werden (Kaechele 1999), die Aussagekraft der Studie ist jedoch deutlich dadurch eingeschränkt, daß ausschließlich psychodynamisch orientierte Behandlungen überprüft wurden.

Der im Kapitel **Therapeutische Settings und Methoden** beschriebene Kampf zwischen den Therapieschulen wird moderater geführt, aber er ist noch längst nicht beendet. Unabhängig von der therapeutischen Schulrichtung gehören heute verschiedene Therapiebausteine in einen Behandlungsplan, insbesondere Einzelgespräche und Gesprächsgruppen, Kognitions-, Selbstsicherheits- und Sozialtrainings, Körpertherapie, Gymnastik und Sport, Ergotherapie, Ernährungsberatung und – je nach familiärer Situation – auch familien- oder paartherapeutische Angebote. Weiterhin jedoch dreht sich die zentrale Kontroverse darum, ob zur Durchführung einer Psychotherapie zunächst die Wiederherstellung des Körpergewichts und eines normalen Eßverhaltens notwendig sind, oder aber, ob es primär und zunächst darum gehen muß, die sich hinter dem Symptom verbergenden Probleme aufzuarbeiten, bevor es zu einer Veränderung von Körpergewicht und Eßverhalten kommen kann. Insbesondere in stationären Einrichtungen versucht man, diesen Dissens pragmatisch durch sogenannte multifaktorielle Programme zu lösen, in denen sich die Patientinnen in einer ersten, primär auf die Gewichtssteigerung abzielenden Phase, die weiteren therapeutischen Maßnahmen verdienen müssen: Therapiegespräch gegen Kilo.

Ich lehne diese Programme, in denen Psychotherapie als Belohnung für Wohlverhalten beim Essen eingesetzt wird, ab, weil sie exakt das wiederholen, was den Patientinnen aus Familie und Freundeskreis sattsam bekannt ist. Solange jedoch die Therapie die alten sozialen Erfahrungen wiederholt statt neue Perspektiven zu öffnen, wird es den Patientinnen unmöglich sein, sich neu zu orientieren und anders zu verhalten (vgl. Franke 1994, 2000).

Wie gefährlich ist die Anorexie? Zu diesem Thema schrieb ich 1994, daß Langzeitkatamnesen „heute" die Aussage gestatten, daß von den behandelten anorektischen Patientinnen mindestens 40 bis 50% geheilt werden und weitere 30% sich beträchtlich verbessern. Inzwischen liegen etwa 400 Therapieerfolgs- und Katamnesestudien vor (vgl. Fichter, Quadflieg & Rief, 1992; Herzog, Deter & Vandereycken, 1992; Deter & Herzog, 1995; Ratnasuriya, Eisler, Szmukler & Russell, 1991; Steinhausen, 1999), doch die Vielzahl der Untersuchungen hat nichts an den obigen Daten verändert: Insgesamt scheinen etwa die Hälfte aller Patientinnen die Krankheit vollständig zu überwinden und weitere 30% sich erheblich zu verbessern. Etwa 20% aller Frauen werden ohne professionelle Hilfe gesund (vgl. auch Crisp, Callendar, Halek & Hsu, 1992; Deter & Herzog, 1995; Eckert, Halmi, Marchi, Grove & Crosby, 1995; Rathner, 1992; Steinhausen, 1999).

Was ist mit den etwa 20%, die sich nicht aus der Krankheit befreien können? Ein Teil von ihnen nimmt einen chronischen Verlauf und weist stabil die anorektische Symptomatik auf. Diese Personen bleiben nicht nur sehr mager, sondern sie bleiben auch in ihrem Verhalten, ihren Gedanken und ihren Emotionen eingeengt, oft zwanghaft. Andere entwickeln eine Abhängigkeitsproblematik, zumeist von Alkohol, oder eine ausgeprägte bulimische Symptomatik.

Doch die Frage, die in diesem Zusammenhang am wichtigsten ist, ist die nach der Mortalität. Diesbezüglich sind die

Zahlen in den letzten Jahren deutlich zuverlässiger geworden. Zwar sind eine Vielzahl der Untersuchungen über den langfristigen Krankheitsverlauf immer noch bemerkenswert unsolide und lassen genaue Angaben über Erkrankungsdauer, Erstkontakte, Art der Behandlung, Todesursache und sogar über das Sterbealter vermissen. Aber aus der Vielzahl der veröffentlichten Daten kristallisiert sich heraus, daß die Mortalitätsraten eindeutig niedriger sind als öffentliche und professionelle Schwarzmaler nicht müde werden zu propagieren. Exemplarisch seien drei neue Untersuchungen erwähnt: Eine sorgfältige Metaanalyse von 108 Studien ergab einen mittleren Mortalitätswert von 5,5% (Steinhausen 1999), eine sich über elf Jahre erstreckende Verlaufsstudie an verschiedenen amerikanischen Krankenhäusern verzeichnet eine Mortalitätsrate von 5,1% (Herzog et al. 2000). Die meines Wissens umfassendste und vollständigste Untersuchung stammt aus Dänemark, wo auf der Basis nationaler Krankenregister alle Anorexie-Fälle, die zwischen 1970 und 1993 in einer psychiatrischen Klinik und ab 1977 sogar in allen allgemeinmedizinischen Kliniken des Landes behandelt wurden, die Langzeitverläufe registriert wurden. Die gesamte Stichprobe umfasste 2.526 Patientinnen und 237 Patienten. In dieser Untersuchung betrug die Mortalitätsrate 8,4% (Emborg 1999).

Angesichts dieser Zahlen fühle ich mich bestätigt in meiner Kritik an Behandlungseinrichtungen, die in ihren Katamnesen Mortalitätsraten von über 20% berichten. Die bemerkenswerte Tatsache, daß die Mortalitätsraten beträchtlich in Abhängigkeit von den Behandlungsinstitutionen schwanken, drängt die Hypothese der falschen Behandlung geradezu auf und bedarf einer dringenden Untersuchung. Ich halte es für höchst problematisch, daß in der gesamten Literatur zur Anorexie die Frage der iatrogenen Schäden durch Therapie nicht diskutiert wird und gehe, bevor nicht das Gegenteil belegt ist, davon aus, daß für manche Patientinnen die Behandlung gefährlicher ist als ihre Krankheit.

Dies betrifft auch die erheblichen Unterschiede hinsichtlich der Suizidraten. Insgesamt kann als eine der wichtigsten Todesursachen Suizid in etwa einem Viertel der Fälle angenommen werden, doch schwanken auch diesbezüglich die Angaben je nach Behandlungsinstitution beträchtlich. Der Untersuchung der Frage, inwieweit die Suizide in einem Zusammenhang stehen mit Behandlungen, die schädlich waren, darf nicht länger ausgewichen werden.

Ich freue mich, daß das Buch „Wege aus dem goldenen Käfig – Anorexie verstehen und behandeln" jetzt als Taschenbuch erscheinen kann. Obwohl es als Fachbuch gedacht war, habe ich in den letzten Jahren viele Reaktionen von Patientinnen und ihren Angehörigen erhalten und ich hoffe, daß diese neue Vertriebsform es einer noch größeren Gruppe ermöglichen wird, Anregungen für den Weg aus der Anorexie zu finden. Da ich mit dem Problem der Anorexie bei Männern weiterhin nur in Supervisionen in Kontakt gekommen bin, gehe ich in diesem Buch ausschließlich auf Mädchen und Frauen ein. Ich bin mir jedoch nach wie vor dessen bewußt, daß ich hiermit ein wichtiges Problem ausklammere, das in der Praxis zunehmend relevanter wird.

Dortmund, Dezember 2002

Literatur

Crisp, A. H., Callendar, J. S., Halek, C., & Hsu, L. K. G. (1992). Long-term mortality in anorexia nervosa. *British Journal of Psychiatry*, 161, 104–107.

Deter, H.-C. & Herzog, W. (1995). *Langzeitverlauf der Anorexia Nervosa. Eine 12-Jahres-Katamnese*. Göttingen: Vandenhoek & Ruprecht.

Emborg, C. (1999). Mortality and Causes of Death in Eating Disorders in Denmark 1970–1993: A Case Register Study. *International Journal of Eating Disorders* 25, 243–251.

Eckert, E. D., Halmi, K. A., Marchi, P., Grove, W., & Crosby, R. (1995). Ten-year follow-up of anorexia nervosa: Clinical course and outcome. *Psychological Medicine*, 25, 143–156.

Fichter, M. M., Quadflieg, N., Rief, W. (1992). The German longitudinal bulimia nervosa study, I. In W. Herzog, H.-C. Deter & W. Vandereycken (eds.), *The course of eating disorders: Long-term follow-up studies of anorexia and bulimia nervosa* (133–149). Berlin: Springer.

Fombonne, E. (1995). Anorexia Nervosa. No Evidence of an Increase. *British Journal of Psychiatry*, 166, 462–471.

Franke, A. (1994). Grundsätze bei der Behandlung von Patientinnen mit Anorexia nervosa in einer verhaltensmedizinischen Klinik. In M. Zielke & J. Sturm (Hrsg.), *Handbuch stationäre Verhaltenstherapie* (557–562). Weinheim und Basel: Beltz.

Franke, A. (2000). Anorexia nervosa: Verhaltenstherapie. In W. Senf & M. Broda (Hrsg.), *Praxis der Psychotherapie. Ein integratives Lehrbuch für Psychoanalyse, Verhaltenstherapie, Systemische Therapie* (480–486). Stuttgart: Thieme.

Franke, A. (2001). Essstörungen. In A. Franke & A. Kämmerer (Hrsg.), *Klinische Psychologie der Frau. Ein Lehrbuch* (S. 355–396). Göttingen: Hogrefe.

Herzog, D. B., Greenwood, D. N., Dorer, D. J., Flores, A. T., Ekeblad, E. R. Richards, A., Blais, M. A. & Keller, M. B. (2000). Mortality in Eating Disorders: A Descriptive Study. *International Journal of Eating Disorders* 28, 20–26.

Herzog, W., Deter, H.-C. & Vandereycken, W. (Hrsg.) (1992). *The course of eating disorders*. New York, Berlin: Springer.

Kächele, H. (1999). Eine multizentrische Studie zu Aufwand und Erfolg bei psychodynamischer Therapie von Eßstörungen. *Psychotherapie, Psychosomatik, medizinische Psychologie* 49, 100–108.

Rathner, G. (1992). Aspects of the natural history of normal and disordered eating and some methodological considerations. In W. Herzog, H-C. Deter & W. Vandereycken (eds.), *The course of eating disorders: Long-term follow-up studies of anorexia and bulimia nervosa* (273–303). Berlin: Springer.

Ratnasuriya, R. H., Eisler, I., Szmukler, G. I. & Russell, G. F. M. (1991). Anorexia Nervosa: Outcome and Prognostic Factors after 20 Years. *British Journal of Psychiatry*, 158, 495–502.

Steinhausen, H.-C. (1999). Eating Disorders. In H.-C. Steinhausen & F. Verhulst (eds.), *Risks and outcomes in developmental psychopathology* (211–230). Oxford: University Press.

Van den Broucke, S., Vandereycken, W. & Norré, J. (1997). *Eating Disorders and Marital Relationships*. London: Routledge.

Teil I

Der Käfig

1. Anorexia nervosa und Magersucht. Ein Exkurs zur Terminologie und zum Verständnis der Krankheit

Alle AutorInnen, die den Begriff „Anorexie" bzw. „Anorexia nervosa" verwenden, weisen darauf hin, daß dies unter etymologischen Gesichtspunkten eine falsche Bezeichnung ist: Anorexie bedeutet Appetitlosigkeit, und wir wissen inzwischen nur zur gut, daß die meisten Patientinnen sehr viel Hunger und Appetit haben.

Doch auch der Begriff „Magersucht" hat seine Tücken. Sein Vorteil liegt darin, daß er sich weniger auf das Essen und stärker auf den Körper bezieht. Das zentrale Ziel der anorektischen bzw. magersüchtigen Frau ist ja nicht, wenig zu essen, sondern schlank zu sein. Der entscheidende Nachteil des Begriffs ist jedoch, daß er die Erkrankung der Gruppe der Suchterkrankungen zuordnet. Diese Zuordnung ist zumindest sehr fragwürdig. Zwar weist der Verlauf der Erkrankung bei manchen Patientinnen eine an Suchterkrankungen erinnernde Dynamik auf, doch können ebensogut Zwangs- und depressive Symptome identifiziert werden. Auch die nosologische Einordnung als psychosomatische Erkrankung ließe sich plausibel erklären.

AutorInnen, die den Begriff „Magersucht" verwenden, begründen seine Verwendung in der Regel auf dem Hintergrund einer Laienätiologie, in der Magersucht in einer Reihe mit Arbeitssucht, Putzsucht, Liebessucht, Fernsehsucht und anderen „Süchten" auftaucht. Dieser unreflektierte Sucht-Ansatz wird leider auch durch ein von der Bundeszentrale für gesundheitliche Aufklärung weit verbreitetes Heft propagiert (Mader 1990).

Auch viele TherapeutInnen der Frauenbewegung machen in sehr inflationärer Weise vom Suchtbegriff Gebrauch. Ungeachtet jeder etymologischen Stringenz wird dann „Sucht" mit „suchen" und „Sehnsucht" in Verbindung gebracht, und die Magersucht mit der Suche nach der Mutter oder allem anderen, was Frauen so fehlen kann, gleichgesetzt. Stellvertretend hierfür nur ein Beispiel:

„Eine ungewöhnliche Vorstellung, und dennoch verbirgt sich im Mageren, im Erbrechen, im haltlosen Fressen die tiefe Sehnsucht der Tochter zur Mutter, die Sehnsucht von Frau zu Frau ...

Eßstörungen sind die Suche nach verschütteten Frauenbeziehungen, die in Trümmern von Erwartungen des weiblichen Lebenszusammenhangs verborgen liegen. Was suchen die Frauen im Essen? Was suchen die Töchter bei den Müttern? ...

‚Eine andere Liebe' von Frau zu Frau birgt das sehnende Suchen, eine Erlösung aus dieser beredten Körpersprache zu finden. Hinter den Barrikaden des aufgetürmten Essens bleibt im Verborgenen die gesuchte Frau. Vor den Barrikaden steht die Tochter, verzweifelt, aber wohl wissend, daß es eine andere Frau gab, gibt und geben wird. Ihr psychischer Hunger nach Frau ist unstillbar. Verzehrt in ihrer Sehnsucht, – in ihren Klagen bleibt die Tochter der Mutter treu.

Sind Eßstörungen das Frauengefängnis der Neuzeit?" (Krebs 1991, S. 18, 19).

So etwas mag in der Frauengruppe ungeheuer antörnen und viel weibliche Nähe schaffen; die magersüchtige Patientin jedoch, die ihre eigene Antwort sucht, versetzt eine solche Erklärung einer Übermutter in eben die ihr sattsam bekannte Situation, daß ein anderer wieder mal weiß, wie es ihr gerade geht.

In den gebräuchlichsten psychologischen und psychiatrischen Klassifikationsmodellen (vgl. Kapitel 2) wird die Anorexie den Eßstörungen zugerechnet. Dies ist sicherlich nicht unbegründet, ist doch das verzerrte Eßverhalten das dominierende Symptom bei dieser Störung. Mir scheint jedoch der Begriff Eß-Störung insofern falsch gewählt, als es ja nicht das Eßverhalten selbst ist, das gestört ist. Gestört sind vielmehr die Wahrnehmung über die Konsequenzen des Essens, die Körperwahrnehmung, die Bewertung des eigenen Körpers als zu dick.

Doch ich möchte hier keine Diskussion über die richtige nosologische Zuordnung der Anorexie bzw. Magersucht führen, sondern mich mit den Begriffen und ihren Implikationen beschäftigen. In diesem Sinne sollte man meines Erachtens akzeptieren, daß es im deutschen Sprachraum zwei Bezeichnungen für die Erkrankung gibt, von denen die eine stärker die fachliche, die andere mehr die Laien-Diskussion beherrscht. Beide Begriffe haben ihre Mängel, aber sie sind eingebürgert und gut definiert und von daher gefahrlos zu verwenden.

Daneben aber gibt es zwei Ausdrücke, die erstens falsch und zweitens schädlich sind. Diese sind „die Anorektikerin" und „die Magersüchtige".

Beide Worte verwechseln die Person mit einer Krankheit. Sie tun so, wie wenn eine Person aus nichts anderem bestünde als aus ihrer Krankheit. Zugegeben: je länger eine Frau anorektisch ist, desto ausschließlicher scheint ihre Welt nur noch aus den Themen Essen und Nichtessen, Rezepte, Kochen, dünner werden, dick sein, abnehmen und nicht-zunehmen zu bestehen. Aber dennoch wird sie dadurch nicht austauschbar mit einer zweiten, vergleichbar kranken Frau. Sie sieht anders aus, spricht anders, bewegt sich anders, hört vielleicht Musik, während die andere wiederholt ihre Plastiktüten sortiert und träumt davon, eine große Tänzerin zu werden, während die andere sich ausmalt, wie ihr bahnbrechendes Werk zur Pädagogik endlich einmal zeigt, wie man mit Kindern umgeht.

Die Anorektikerin und *die* Magersüchtige gibt es nicht. Was es gibt, sind Mädchen und Frauen, die anfangen, sich sehr intensiv auf ihren Körper zu konzentrieren, denen ihr Körper zu groß oder zu fett erscheint und die diesen verkleinern, verschmälern möchten. All diese Frauen befinden sich in einer Lebenssituation, die sie nicht zu meistern wissen. Und anstatt das eigentliche Problem anzugehen, kreieren sie ein neues – und damit gleichzeitig eine Lösung. Denn nun, da sie sich so sehr um ihren Körper kümmern und ihn zum absoluten Zentrum ihrer Welt machen, verliert das ursprüngliche Problem erheblich an Bedeutung.

Ich verstehe die Anorexie somit als Lösungsversuch, und zwar für ein Problem, das der Patientin in der Regel nicht als solches bewußt ist. Dieser Lösungsversuch ist bizarr, schädlich, krank-

haft und im Sinne einer konstruktiven Lösung ohne Frage gescheitert. Aber er ist sehr erfolgreich in bezug darauf, sich den
eigentlichen Problemen nicht stellen zu müssen. Und darum wird
er beibehalten werden, solange diese nicht angstfrei bewältigt
werden können.

Seit ich mit anorektischen Frauen arbeite, finde ich dies aufre-
gend, spannend und lohnend. Ich bin immer wieder fasziniert
von der Kraft der Patientinnen und ihrer unermüdlichen Energie. Doch leider richten sie diese Energie gegen sich, stecken aus
Gründen, die ihnen verborgen sind, all ihre Energie in eine
falsche Aufgabe und trauen sich nicht, sie *für sich selbst* einzuset-
zen.

Ihrem Wesen nach – und das ist eine der Paradoxien dieser
Krankheit – ist Anorexie nicht Selbstzerstörung, sondern der
Kampf um Selbstgewinnung, Selbstbestimmung, Selbsterhalt.
Nur an der völlig falschen Front.

Gelingt es der Patientin jedoch, sich den wahren Problemen zu
stellen, so geschieht in der Regel eine faszinierende Veränderung. Denn nun steckt sie ebenso viel Energie in konstruktive
Problemlösungen. Manchmal geht dies nicht ohne heftiges Auf
und Ab, aber sehr häufig steht am Ende eine Frau, die bereit ist,
ihr eigenes Leben zu leben, und die sich diesem gewachsen fühlt.

Die Worte „die Anorektikerin" und „die Magersüchtige" sind
somit falsch, weil sie eine nicht vorhandene Uniformität postulie-
ren. Ihre Verwendung ist darüber hinaus schädlich, weil sie der
Patientin erlauben, sich auf ihre Krankheit zurückzuziehen. Genau das ist ja eine ihrer Waffen, und diese sollte man aus therapeutischer Sicht nicht noch mit anspitzen. Konzentriert man sich
auf die Krankheit statt auf die Person, so verleitet das zu einem
stereotypen Umgang mit anorektischen Frauen, und damit sitzt
man als Behandler in der Falle der Anorexie. Man ist der Täu-
schung aufgesessen und tut wie die Patientin so, als ob das Essen
das eigentliche Problem wäre. Dadurch beteiligt man sich daran,
die Fehllösung Anorexie fortzuschreiben, und gibt der Patientin
mit aller Wahrscheinlichkeit nicht die Möglichkeit zu einer Veränderung.

Jede anorektische Frau muß *ihren eigenen Weg* aus dem goldenen Käfig finden. Therapeutische Hilfestellung besteht darin, sich mit ihr gemeinsam auf die Suche nach den sie wirklich ängstigenden Problemen zu begeben und sie dann zu stützen, wenn sie beginnt, ihre Lösungen zu finden und zu realisieren.

Anorexie, das leugne ich keinesfalls, ist eine schwere Krankheit, bei der die Gefahr besteht, daß die Frau sie nicht mehr stoppen kann.

Aber angesichts des heutigen Kenntnisstandes über den Verlauf der Erkrankung (vgl. Kap. 15) sind apokalyptische Gemälde über die Prognose nicht angebracht. Solche in der Literatur immer noch weit verbreiteten Schwarzmalereien sind nicht nur unredlich, sondern auch in hohem Maße destruktiv für die Patientinnen. Eines der schlimmsten Hemmnisse auf dem Weg aus der Krankheit Anorexie ist die Angst davor, es nicht zu schaffen. Und diese Angst zu schüren ist ein therapeutischer Kunstfehler.

Ich möchte dieses Kapitel abschließen mit einem Gedicht, das eine achtzehnjährige junge Frau nach Beendigung ihrer Therapie schrieb:

Gedanken zu „Ein Wintermärchen"

Es ist nicht leicht, erwachsen zu sein,
jetzt, im Winter, in Kälte und Nässe.
Die Zeit der Märchen ist vorüber,
wie die Sicherheit, Wärme und Naivität der Kindheit.
Ist sie wirklich vorbei?
Du kannst manchmal noch Spuren finden,
silberhelles Sonnenstrahl-Lachen von Waldwesen hören.
Aber dies alles ist nur ein Hauch -
nicht greifbar, nicht zu erfassen.
Durch die Hetze des Erwachsenenalltags
vergißt Du Gedanken und Gefühle an Kindheitsträume.
Schade.
Es ist gut zu wissen, nun selbst Person zu sein,
zu spüren, daß Selbständigkeit nichts Schlimmes ist.
Du wirst dadurch unabhängiger.
Aber dennoch: schade!
Manchmal wünsche ich mich in die Höhle Benjamin Birken-
     blattes.
Flucht?
Nein, nur Sentimentalität.
Schön, daß es sie noch gibt, daß wir sie nicht vergessen
     haben.
So bleibt ein Fünkchen Kindheit übrig,
Unbeschwertheit, die wie ein Leuchten durch die -
manchmal graue - Welt dringt!

2. Diagnostische Kriterien der Anorexie

Die klinischen Merkmale der Anorexie gelten als leicht zu diagnostizieren, und man kann von einer hohen Zuverlässigkeit der Diagnose ausgehen. Diese Eindeutigkeit des Syndroms zeigt sich auch darin, daß, – wie Tabelle 1 zeigt –, die diagnostischen Kriterien in den beiden großen Klassifikationssystemen DSM (Diagnostisches und Statistisches Manual psychischer Störungen) und ICD (Internationale Klassifikation psychischer Störungen) sehr ähnlich beschrieben werden.

Da ich davon ausgehe, daß den Leserinnen und Lesern dieses Buches die Symptome der Anorexie bekannt sind, beschreibe ich sie nicht eingehend. Sollte jedoch diesbezüglich Informationsmangel bestehen, so empfehle ich folgende Literatur:

H. Bruch: Der goldene Käfig. Das Rätsel der Magersucht (1980).

M. Gerlinghoff, H. Backmund und N. Mai: Magersucht und Bulimie. Verstehen und bewältigen (1999).

Auf die Praxis der Diagnostik, also das diagnostische Vorgehen, gehe ich in Kapitel 13 ein. Hier noch ein kurzer Kommentar zur Entwicklung der diagnostischen Kriterien:

Das erste Klassifikationssystem legten Feighner et al. 1972 vor. Die von ihnen aufgestellten Kriterien haben sich seither wenig verändert: Leitsymptome sind der markante durch Essensverweigerung und/oder selbstinduziertes Erbrechen oder Abführen herbeigeführte Gewichtsverlust, außerdem Verzerrungen im kognitiven Bereich, ein hohes Aktivitätsniveau und begleitende körperliche oder psychiatrische Symptome.

Das Erkrankungsalter hat sich in den Klassifikationssystemen in den letzten 30 Jahren deutlich nach unten verschoben. Gingen Feighner et al. noch von einem Beginn vor dem 25. Lebensjahr aus, wird die Anorexie inzwischen auch bei 8 bis 10jährigen Mädchen diagnostiziert. Eine weitere Veränderung betrifft das Gewicht: Während Feighner et al. als Referenzgewicht das ursprüngliche Gewicht setzten, ist man heute dazu übergegangen, den Bereich des unteren Normalgewichts als Referenzgewicht anzunehmen. Dies hängt auch mit dem durchschnittlich früheren Erkrankungsalter zusammen: Bei Mädchen in der Wachstumsphase macht es keinen Sinn, von einem prämorbiden Gewicht als Vergleichsmaßstab auszugehen, da dieses notwendiger Weise niedriger als das altersgerechte Gewicht ist. Die in der ICD-10 erfolgte Orientierung am Body-mass-Index BMI

(BMI = Gewicht (kg) : Größe zum Quadrat (m^2))

entspricht der allgemeinen Entwicklung, diesen Index anstelle des früher verwendeten Broca-Index BI

(BI = Gewicht (kg) : Größe (cm) – 100)

als Richtwert für das Körpergewicht anzunehmen.

In den aktuellen Versionen unterscheiden DSM und ICD noch Subtypen bzw. atypische Formen der Anorexie. Es gibt Hinweise darauf, daß die Frauen mit ausgeprägtem „Purging"-Verhalten, also mit Erbrechen und der Einnahme von Abführmitteln, eine schlechtere Prognose haben als Frauen ohne dieses Verhalten.

Tabelle 1: Diagnostische Kriterien der Anorexie

ICD 10: F 50.0 Anorexia Nervosa	DSM-IV: 307.1 Anorexia Nervosa
Heranwachsende Mädchen und junge Frauen; selten bei Jungen und jungen Männern und älteren Frauen	Mehr als 80% Frauen, häufigster Beginn in der frühen Adoleszenz.
Tatsächliches Körpergewicht mindestens 15% unter dem erwarteten Gewicht (entweder durch Gewichtsverlust oder nie erreicht) oder BMI von 17,5 oder weniger.	Weigerung, das Minimum des für Alter und Körpergröße normalen Körpergewichts zu halten. Das Körpergewicht beträgt entweder durch Gewichtsverlust oder durch das Ausbleiben einer während der Wachstumsperiode zu erwartenden Gewichtszunahme dauerhaft weniger als 85% des zu erwartenden Gewichts.
Der Gewichtsverlust ist selbst herbeigeführt durch: a) Vermeidung von hochkalorischen Speisen; und eine oder mehrere der folgenden Möglichkeiten: b) selbst induziertes Erbrechen; c) selbst induziertes Abführen; d) übertriebene körperliche Aktivitäten; e) Gebrauch von Appetitzüglern und/oder Diuretika.	
Körperschema-Störung in Form einer spezifischen psychischen Störung: die Angst, zu dick zu werden, besteht als eine tiefverwurzelte überwertige Idee; die Betroffenen legen eine sehr niedrige Gewichtsschwelle für sich selbst fest.	Ausgeprägte Ängste vor einer Gewichtszunahme oder davor, dick zu werden, trotz bestehenden Untergewichts. Störung in der Wahrnehmung der eigenen Figur und des Körpergewichts, übertriebener Einfluß des Körpergewichts oder der Figur auf die Selbstbewertung, oder Leugnen des Schweregrades des gegenwärtigen geringen Körpergewichts.
Möglich: depressive Symptome, Zwangssymptome	Häufig: depressive Symptome, Zwangsverhalten
Eine endokrine Störung auf der Hypothalamus-Hypophysen-Gonaden-Achse. Sie manifestiert sich bei Frauen als Amenorrhoe und bei Männern als Libido- und Potenzverlust. Eine Ausnahme stellt das Persistieren vaginaler Blutungen bei anorektischen Frauen mit einer Hormonsubstitutionstherapie zur Kontrazeption dar. Erhöhte Wachstumshormon- und Kortisolspiegel, Änderungen des peripheren Metabolismus von Schilddrüsenhormonen und Störungen der Insulinsekretion können vorliegen. Bei Beginn der Erkrankung vor der Pubertät ist die Abfolge der pubertären Entwicklungsschritte verzögert oder gehemmt (Wachs-	Bei postmenarchalen Frauen das Vorliegen einer Amenorrhoe, d. h. das Ausbleiben von mindestens drei aufeinanderfolgenden Menstruationszyklen (Amenorrhoe wird auch dann angenommen, wenn bei einer Frau die Periode nach Verabreichung von Hormonen, z. B. Östrogen, eintritt). Bei präpubertären Mädchen kann die Menarche verzögert werden.

tumsstop; fehlende Brustentwicklung und primäre Amenorrhoe beim Mädchen; bei Jungen bleiben die Genitalien kindlich).

ICD 10: F 50.1 Atypische Anorexia Nervosa	**DSM IV: Subtypen**
Bei ansonsten typischem klinischen Bild fehlen ein oder mehr Kernmerkmale der Anorexie, z. B. Amenorrhoe oder signifikanter Gewichtsverlust.	**Restriktiver Typus:** Während der aktuellen Episode der Anorexia Nervosa hat die Person keine regelmäßigen „Fressanfälle" gehabt oder hat kein „Purging"-Verhalten (das heißt selbstinduziertes Erbrechen oder Missbrauch von Laxantien, Diuretika oder Klistieren) gezeigt. **„Binge-Eating/Purging"-Typus:** Während der aktuellen Episode der Anorexia Nervosa hat die Person regelmäßig Fressanfälle gehabt und hat Purgingverhalten (das heißt selbstinduziertes Erbrechen oder Missbrauch von Laxantien, Diuretika oder Klistieren) gezeigt.

3. Zur Innenansicht der Anorexie

Glücklicherweise sind die Zeiten vorbei, in denen anorektische Frauen allein im Rahmen eines Defizitmodells betrachtet und als geradezu rundum unzureichend bewertet wurden. Ihnen wurden Mankos auf nahezu allen körperlichen und psychischen Funktionsebenen zugeschrieben. Sie seien z. B. unfähig,
- ihren Körper realitätsgerecht zu sehen,
- interne Stimuli wie Hunger, Müdigkeit, Frieren angemessen wahrzunehmen und zu interpretieren,
- die Frauenrolle zu akzeptieren,
- ein angemessenes Selbstwertgefühl aufzubauen,
- das für sie richtige Maß von sozialer Nähe und Distanz zu definieren und durchzusetzen,
- eine realistische Selbstwahrnehmung in bezug auf die eigenen Fähigkeiten zu entwickeln.

Darüber hinaus seien sie halsstarrig, bockig, uneinsichtig und verlogen.

Inzwischen gibt es immer mehr AutorInnen, die diese zweifelsohne vorhandenen Symptome anorektischer Frauen auf ihre Funktion hin hinterfragen und die versuchen, die Erkrankung als eine Form der Auseinandersetzung mit für die Patientin nicht lösbaren oder nicht lösbar erscheinenden Problemen zu verstehen (vgl. Gerlinghoff & Backmund 1989; Lawrence 1986).

Wie aber sehen betroffene Frauen selbst ihre Erkrankung? Wie erklären sie sich, warum sie anorektisch geworden sind, und als was erleben sie die Krankheit? Als Defizit? Unvermögen? Lösungsversuch?

Ich möchte hierzu im folgenden einige Ergebnisse aus einer (in Kapitel 9 und 15 ausführlich beschriebenen) Fragebogenerhebung vorstellen, in der 130 Frauen, die einmal anorektisch gewesen waren, darüber berichteten, wie sie die Krankheit erlebt und überwunden haben. Im Rahmen von offenen Fragen wurden die Frauen gebeten aufzuschreiben, welche Gründe ihrer Meinung nach zur Anorexie geführt haben, wie sie selbst ihre Erkrankung sehen und wie sie diese aus der heutigen Perspektive erklären.

Nur zwei der 130 Frauen haben keine Erklärung für die Anorexie. Die eine von ihnen schreibt:

„Nein, ich habe keine Erklärung dafür. Ich habe mir schon oft Gedanken darüber gemacht, aber ich bin zu keinem Ergebnis gekommen. Ich weiß eigentlich überhaupt keinen Grund dafür, warum ich magersüchtig geworden bin."

Und die andere:

„Nein, obwohl ich's mir selbst noch unheimlich oft überlege."

Alle anderen aber haben Erklärungen, und in diesen, die häufig sehr ausführlich sind, tauchen immer wieder Sätze wie die folgenden auf:

„Es gibt nicht nur *einen* Grund oder Auslöser." – „Jede Magersüchtige ist anders." – „Da ist so viel zusammengekommen." – „*Eine* allgemein gültige Erklärung gibt es nicht." – „Meine Magersucht war ein Puzzle."

Als beispielhaft für die vielen Äußerungen dieser Art steht das folgende Zitat einer Frau, deren viereinhalbseitige Ausführungen darüber, wie sie sich erklärt, warum sie anorektisch geworden ist, folgendermaßen enden:

„Ich habe diesen nun mehr als ausführlichen Bericht geschrieben, um aufzuzeigen, daß es nicht eine Ursache ist, sondern viele verschiedene Dinge zu dieser Krankheit führen. Es wird immer eine ganz individuelle Krankheit sein, die genauso individueller Heilung bedarf."

Aber so vielfältig die Anorexie-Puzzlesteine sind, es gibt offenbar doch einige, die von mehreren Frauen als zentral gewertet werden:

1. Ein ganz besonders wichtiger scheint derjenige zu sein, *Autonomie* zu erlangen, sich von der Vermaschung in der Familie und von den Vorstellungen, die die Eltern von ihnen haben, abzugrenzen:

„Ich weiß nicht, ob ich es geschafft hätte, jemals so zu leben, wie ich es jetzt tue. Die Person von damals ist nicht die, die ich jetzt bin. Wahrscheinlich war die Magersucht eine Flucht vor einer sehr dominanten Mutter, die versuchte, *mein* Leben total nach ihren Wünschen zu gestalten. Ich durfte nicht das Gymnasium besuchen, mußte mich einer christlichen Jugendgruppe anschließen, dort fühlte ich mich überhaupt nicht wohl, mußte das Soziale Jahr machen, sollte mir hausfrauliche Fähigkeiten aneignen und heiraten. Heute mache ich genau das Gegenteil, lebe bewußt, genieße alles Schöne."

„Ich glaube, daß ich vor allem sehr unter dem starken Ehrgeiz meiner Mutter gelitten habe: trotz guter schulischer Leistungen und eigentlich durchweg ‚guten Geratens‘ war sie nie zufrieden mit mir – es hätte eben alles noch eine Spur besser sein können. Ich fühlte mich eingepfercht in die Rolle als vorzeigbare Tochter aus gutem Hause – vermutlich war die Anorexie einer von vielen Versuchen, auszubrechen."

2. Manche der Frauen bringen ihren Versuch von Abgrenzung in einen Zusammenhang mit dem *Essen* und ihrem *Körper.* Dies kann in gewisser Weise symbolisch sein, wie im ersten der folgenden Beispiele, oder aber als direkter körperlicher Protest wie in den beiden anderen Ausschnitten verstanden werden:

„Sehr wesentlich war die Trennung von meinen Eltern, die ewig um mein Essen besorgt waren und bei denen ich mich ständig beobachtet fühlte. Alle Probleme reduzierten sich auf das Essen. Ich hatte das Gefühl, sie wollten mir ihren Geschmack aufzwingen."

„Die Familie und meine Kindheit war die Hölle. So eng gefaßt, daß man eigentlich nur noch körperlich sterben kann, um seelisch ganz zu bleiben, um sich noch einen Rest an Innenleben und Gefühlen, Menschenwürde zu bewahren. Es war der einzige Weg mich zu wehren, mich nicht zu ergeben, indem ich Essen verweigerte, von meiner Mutter nichts mehr annehme."

„Es war der adäquateste Ausdruck, die angemessenste Form für den tatsächlichen familiären Zustand, den ich noch Jahre zu ertragen hatte, ohne, daß ich mich je für ihn entschieden hätte. *Wenigstens angesichts der eigenen Gestalt muß der Mensch doch die Wahlfreiheit haben!"*

3. Ein weiterer wichtiger Puzzlestein heißt *Selbstwertgefühl/ Selbstbewußtsein:*

„Ich glaube, daß meine Magersucht mit meinem Selbstwertgefühl zusammenhängt. Einerseits habe ich zwar viele Minderwertigkeitsgefühle, andererseits nehme ich mich viel zu wichtig. Mir ist der Eindruck, den andere Menschen von mir haben, mehr wert als mein eigenes Wohlbefinden bzw. hängt mein eigenes Wohlbefinden davon ab, welchen (vermuteten) Eindruck ich auf andere mache, und dazu gehört ja in erster Linie das Äußere."

„Eine genaue Erklärung habe ich auch nicht, aber es kam vieles zusammen: ich fand mich furchtbar häßlich, hatte Liebeskummer, hatte das Gefühl nicht genug zu erzählen (mir fiel nie etwas ‚Gescheites‘ ein). Ich steigerte mich immer mehr hinein, wie unmöglich und nicht liebenswert ich sei. Selbstbewußtsein war gleich null.

Deshalb vielleicht die Hungerei?!"

„Irgendwie wollte ich auffallen, wenn ich eben sonst nichts Hervorragendes zu bieten hatte, so wollte ich doch die Aufmerksamkeit auf meine überschlanke Figur ziehen."

„Ich glaube, daß mir das Urvertrauen fehlt, einfach so auf der Welt existieren zu dürfen. Ich wäre deshalb auf jeden Fall neurotisch bzw. süchtig geworden. Daß es ausgerechnet Magersucht war, liegt wahrscheinlich daran, daß einem durch Zeitschriften, Filme etc. dauernd suggeriert wird, als Frau bekäme man mit einem schlanken Körper mehr Anerkennung. Als Mann wäre ich wahrscheinlich eher arbeitssüchtig geworden (berufliche Karriere)."

„Zwar gab es im zeitlichen Zusammenhang mit der Magersucht einen eindrucksvollen Familienkonflikt: (meine Eltern ließen sich scheiden, benutzten mich als Bindeglied und erpreßten mich, als ich von zu Hause ausziehen wollte) aber ich hätte mit dem Konflikt ganz anders umgehen können, wenn ich so eine Art Urvertrauen in mir gehabt hätte."

4. Mehrere Frauen sehen ihre Erkrankung im nachhinein als *Hilferuf:*

„Mit sechzehn Jahren bin ich für ein Jahr als Austauschschülerin nach Amerika gegangen, fühlte mich da todunglücklich, unverstanden und fehl am Platz, wodurch die wohl mehr oder weniger normalen Diätgedanken einer Sechzehnjährigen in die Anorexia umschlugen, als Warnung für meine Umgebung: Hallo, Hilfe, hier stimmt was nicht. Mir fehlte damals die Möglichkeit, das anders zu äußern."

„Ich sehe meine Magersucht nachträglich als Hilferuf nach Liebe, Geborgenheit, Zuwendung und Aufmerksamkeit, die aber auch im nachhinein nicht erfüllt wurde."

5. Und während die Anorexie auf der einen Seite ein Hilferuf sein kann, ist sie für andere offenbar auch ein *Schutz:*

„Dünn werden heißt auch: angreifbar zu sein, verletzlicher als die anderen. Jede Berührung bedeutet Schmerz, da die ‚Hülle' fehlt. Im Zustand der Magerkeit aber wagen es nur sehr wenige, einen zu provozieren und zu verletzen, da der Anblick der Knochen Angst auslöst. Somit bietet Magersucht auch einen Schutz vor (noch mehr) Demütigung."

Anorexie kann natürlich noch mehr: sie bietet die Möglichkeit, Kind zu bleiben in Familien, in denen ein Nesthäkchen gebraucht wird oder in denen die Mutter die Konkurrenz der Tochter fürchtet oder in denen die beginnende Pubertät der Tochter eine Auseinandersetzung mit ansonsten tabuisierter Sexualität herausfordern würde oder oder; hier sind sehr viele familiäre Szenarien möglich. Sie bietet auch die Möglichkeit, Ordnung zu schaffen, ein kleines zwanghaftes Universum, das Sicherheit bietet angesichts einer als bedrohlich erlebten Phase von Veränderungen und veränderten Anforderungen. Sie bietet auch die Möglichkeit, sich ganz auf sich selbst zu konzentrieren und damit viele andere als schwierig erachtete Aufgaben auszublenden. Warum aber diese Konzentration auf den Körper?

Erstaunlicherweise finden sich auf diese anscheinend so schlichte Frage kaum Antworten. Nicht in der Literatur (auf diese gehe ich später ein), auch nicht in den ansonsten so ausführlichen Beschreibungen der 130 befragten Patientinnen und – zumindest soweit meine Erfahrung reicht – auch nicht in der Therapie. Nur die wenigsten Patientinnen erleben offenbar ihre Erkrankung als eine direkte Auseinandersetzung mit ihrem Körper. In der Befragung war es nur eine:

„Ich glaube, ich habe meine Körpergröße nicht akzeptiert. Ich finde es heute einfach auch noch schrecklich, groß und stabil gebaut zu sein. (Die Patientin ist 180 cm groß.) Heute weiß ich aber, daß ich es gar nicht bin, und bin stolz auf meine Größe, denn viele Mädchen beneiden mich. Ich weiß jetzt, daß man nicht schön aussieht, wenn man groß und dick ist, aber man sieht auch gewiß nicht schön aus, wenn man ein Skelett ist."

In der Literatur liest man häufig, daß Bemerkungen über einen dicker oder fraulicher werdenden Körper das Diätverhalten auslösen. Dies trifft meines Erachtens nur sehr vordergründig zu. Ich jedenfalls habe bisher ausschließlich Patientinnen kennengelernt, die ihren Körper – entweder seinen Umfang oder ein Körperteil – funktionalisierten, ihm eine Rolle im Rahmen eines anderen (zwischenmenschlichen) Vorgangs zuwiesen. Diesen Prozeß verdeutlicht gut das folgende Beispiel:

„Den Ausschlag zum Abnehmen gab der Tag, als eine Schulfreundin zu mir sagte: ‚Du hast einen richtigen Entenarsch gekriegt.' Da schaute ich mich ganz bewußt im Spiegel an.

Ich war vorher stolz auf meine Figur gewesen. Mir hatten bis dahin mein Busen, mein Po, meine Beine gefallen. Ich fand eigentlich alles gut geformt an mir.

Das Wort ‚Entenarsch' brachte ich damals sofort in bezug auf meine Mutter, weil ihr Freund ihr manchmal einen Klaps auf den Hintern gab und ‚Speckpo‘ oder ähnliches sagte.

Da ich meine Mutter durch die ganzen Umstände nicht mehr akzeptieren konnte, wollte ich ihr wenigstens vom Äußeren her in keiner Weise gleichen. Also dachte ich, der Entenarsch muß bei mir weg!"

Anorexie-Patientinnen, so Mara Selvini Palazzoli, verhalten sich so, als ob alle Probleme in dem eigenen Körper verankert seien, „as if the entire blame for one's misfortunes lay within one's body" (1974, S. 71). Hat sich bei obiger Patientin diese Als-ob-Qualität erst im Laufe der Erkrankung entwickelt? Oder war das Wort „Entenarsch" nur ein Aufhänger, irgend etwas, mit dem sie ein vorher verwirrendes und abstraktes Problem erstmals für sich konkret machen konnte? Die folgende Aussage einer Patientin ist meines Erachtens ein Beispiel für die zweite Möglichkeit:

„Ich hatte eigentlich immer alles bekommen, was ich wollte. Ich war es gewohnt, im Mittelpunkt zu stehen, und tat das irrsinnig gern. Doch auf einmal wendete sich meine Clique von mir ab, mein Freund machte Schluß mit mir. Auch von meinen Eltern fühlte ich mich nicht mehr verstanden. Ich fühlte mich schrecklich allein und grübelte. Da sah ich meinen Freund mit einem anderen Mädchen. Ich überlegte, was der Grund sein könnte. Warum er die lieber mag? Und ich kam zu dem Entschluß (ich hatte gerade zwei Kilogramm zugenommen), daß ich einfach zu dick sei."

Neben dieser funktionalisierten Form der Auseinandersetzung mit dem Körper verstehen andere Patientinnen ihre Erkrankung offenbar symbolisch. Eine Patientin schreibt, sie habe sich mit totaler Überbelastung in der Familie „auf dem Wege des weniger Werdens verdünnisiert". Andere sehen in ihrem mageren Körper ein Symbol für Hilfsbedürftigkeit oder Schutzbedürfnis oder aber ein Signal, mit dem der Außenwelt bedeutet wird, daß in der Familie hinter der schönen Fassade etwas nicht stimmt.

Als Therapeutin habe ich bisher erst eine Patientin kennengelernt, die ihre Krankheit als direkte Auseinandersetzung mit ihrem Körper begriff. Das folgende Zitat stammt aus einem Tagebuch, das sie während eines stationären Aufenthalts anfertigte:

„Der Körper um mich und ich, das ist keine glückliche Verbindung. Wir sind verheiratet worden, ohne daß wir vorher gefragt wurden. Nun müssen wir ‚in guten und in schlechten Zeiten‘ miteinander auskommen. In den guten Zeiten ist es recht einfach, aber in schlechten Zeiten hat er recht viel unter mir zu leiden. Ich habe immer noch keinen anderen Weg gefunden nicht durchzudrehen, als durch Abnehmen. Dagegen wehrt sich mein Körper, er zeigt Hunger. Das ärgert mich so, daß ich mit allen anderen Mittel probiere ihn zu quälen.

Will ich nicht selbst total unglücklich sein, so muß ich ihm wohl wieder den Frieden anbieten. Ich weiß, daß ich diejenige bin, die den Krach anfängt, aber er hat mich auch noch nie glücklich gemacht. Ich habe ihn mir auch nicht ausgesucht. Trotzdem muß ich mit ihm leben. Ich hoffe nur, daß ich ihn auch irgendwann werde lieben können.

Ich hoffe, daß ich noch einmal die Kraft finden werde, einen Versuch zu starten, vernünftig mit ihm umzugehen, auch auf seine Bedürfnisse zu achten. Aber ich bin müde, ich habe kaum mehr Kraft.

Doch ich muß, sonst kann ich mich vergessen."

4. Die Familien – Schuld oder Unvermögen?

Bereits den Pionieren der Anorexie – Charcot (1889), Gull (1885) und Lasègue (1873) – fiel auf, daß die Familien einen eher ungünstigen Einfluß auf die Patientinnen hatten. Sie beschrieben in ihren Fallberichten eine auffallende permanente gegenseitige Einmischung der Familienmitglieder und empfahlen, die Patientin möglichst von der Familie zu trennen und sie auf keinen Fall von ihr betreuen zu lassen.

Auch in späteren Beschreibungen – stammen sie von Psychiatern, Pädiatern, Psychologen oder Psychoanalytikern – fehlten niemals Hinweise auf erstaunlich ähnliche Auffälligkeiten in den Familien. Die Familien stellten sich als gut bürgerlich, harmonisch dar. Familien, in denen alles klappte und in Ordnung war, gäbe es nicht dieses eine Problem: die Anorexie der Tochter. Dabei sei gerade sie ein so nettes Mädchen gewesen, immer fleißig, gehorsam – wirklich eine wahre Freude. Den TherapeutInnen stellte sich diese Konfliktfreiheit in der Familie in der Regel als eine Unfähigkeit dar, unterschiedliche Meinungen und Emotionen zuzulassen, sie beobachteten ständige Einmischung aller Familienmitglieder in die Angelegenheiten der anderen, extreme Kontrolle und häufig ein Klima emotionaler Kälte. Den Arbeitsgruppen um Mara Selvini Palazzoli in Mailand und Salvador Minuchin in Philadelphia gelang es dann, die wesentlichsten Charakteristika der Familiensysteme anorektischer Patientinnen zu identifizieren. Wenngleich deren empirische Validierung bisher aussteht, so kann doch davon ausgegangen werden, daß Selvini Palazzoli und Minuchin die wesentlichen Charakteristika anorektischer Familien offengelegt haben.

38

Ich möchte hier nicht diese Konzepte wiedergeben, da sie sowohl von den AutorInnen selbst als auch in Überblicksarbeiten sehr gut dargestellt sind. (Interessierte seien unter anderem verwiesen auf: Minuchin, Rosman & Baker 1978; Nitz 1987; Schmidt 1985; Selvini Palazzoli 1982.)

Vielmehr möchte ich auf ein Thema eingehen, das seit Etablierung der familientherapeutischen Ansätze zu einem Tabu geworden ist: der Frage des Anteils, den die Familien am Entstehen der Störung haben. Wobei ich mit „Familien" in aller Regel bei jüngeren Patientinnen die Eltern und Großeltern meine, bei älteren Patientinnen neben der Ursprungsfamilie ihre Partner und Kinder.

Die Bedeutung des Anteils von Eltern, Großeltern und Partner am Entstehen und Aufrechterhalten der Störung wird in der Literatur als Schuldfrage diskutiert, oder besser: nicht diskutiert. Die Frage, ob die Eltern am Entstehen der Störung einen Anteil haben, wird in aller Regel bereits so formuliert, daß ihre negative Beantwortung gleich mitgeliefert ist. Natürlich, so das therapeutische Verständnis, handle es sich nicht um eine Frage von Schuld oder Nicht-Schuld, sondern allenfalls um inadäquate Kommunikationsstile, fehlerhaft etablierte Regelsysteme oder nicht verarbeitete Ablösungsprobleme der Eltern von ihren eigenen Eltern.

Ich glaube nicht nur, daß solche Erklärungen zu einfach sind, sondern auch, daß sie die Eltern zu sehr entlasten.

Die Frage nach der „Schuld" beinhaltet zwei Komponenten: diejenige nach nicht erbrachter Leistung und eine moralisch-ethische.

Bleiben wir zunächst auf der Ebene der Leistung, so läßt sich feststellen, daß Eltern anorektischer Töchter häufig grobe Unzulänglichkeiten in der elterlichen Versorgung aufweisen (vgl. Harper 1983). Sie stellen in aller Regel Ansprüche und vermeintliche Wertvorstellungen Außenstehender über die Bedürfnisse ihrer Tochter; sie sind rigide, unterbinden experimentierendes Sich-Ausprobieren der Jugendlichen und verweigern ihr in aller Regel eine lustvolle sexuelle Entwicklung. Sie stellen enorm hohe Ansprüche, insbesondere im Leistungsbereich, mit denen sie die Tochter nur zu häufig überfordern. Und sie verweigern ihren Töchtern, selbstbestimmt zu sein.

Ich denke, daß diese Aufzählung bereits reicht, um deutlich zu machen, daß diese Eltern Fehler begehen. Ob dies nun gewollt ist oder auf dem Hintergrund eigenen Unvermögens entstanden, finde ich unwesentlich. Der Effekt für die Töchter ist der gleiche: sie erhalten nicht das, was ein Kind für eine gesunde Entwicklung braucht.

Mich erstaunt immer wieder, wie in der Diskussion um elterliches Versagen mit zweierlei Maß gemessen wird, und zwar je nach dem „Delikt". Ein Vater, der seine Tochter sexuell mißbraucht, oder eine Mutter, die ihre Kinder windelweich schlägt, werden als das bezeichnet, was sie sind: inkompetente Eltern. Und dies unabhängig davon, ob sie Einsicht in die Unzulänglichkeit ihres Verhaltens haben oder ob ihnen alternative Verhaltensweisen zur Verfügung stehen. Warum werden so eindeutige Unzulänglichkeiten wie die, Töchtern ein Recht auf eigene Meinung und eigene Emotionen zuzugestehen, so anders gewichtet?

Erweitert man die Frage der Schuld um die moralisch-ethische Dimension, so sind generelle Aussagen über die Schuldhaftigkeit von Eltern sicher nicht möglich. Ich persönlich jedoch spreche auch in diesem Sinne viele Eltern von Magersüchtigen für schuldig, denn meinen ethischen Vorstellungen zufolge lädt derjenige Schuld auf sich, der einen anderen Menschen im Sinne seiner eigenen Prinzipien mißbraucht. Und das tun auch viele wohlmeinende Eltern von Magersüchtigen.

Ich stimme daher, wenngleich ich ihren Standpunkt sehr überdenkenswert finde, mit Gerlinghoff & Backmund *nicht* überein, wenn sie schreiben:

„Definiert man Schuld im moralisch-ethischen Sinn so, daß sich derjenige schuldig macht, der wider sein besseres Wissen und Gewissen handelt, dann machen sich Eltern von Magersüchtigen, die sich an den Normen und Konventionen der gesellschaftlichen Schicht orientieren, aus der sie kommen, wohl kaum schuldig. Ihr Erziehungsstil ist beherrscht vom Streben nach Pflichterfüllung, Tüchtigkeit, Leistung, Sparsamkeit, Anstand und Moral. Diese Eltern sind felsenfest von dem Wert und der Richtigkeit ihrer Erziehung überzeugt" (1989, S. 78).

Daß es wohlmeinende Eltern von Magersüchtigen gibt, Eltern, die ihre Defizite erkennen und zu Veränderungen bereit sind, steht für mich außer Frage. Ich habe einige kennengelernt. Aber ich habe leider mehr Eltern von Magersüchtigen kennengelernt, deren emotionale Kälte mir den Atem verschlagen hat, vor deren Kaltschnäuzigkeit ich sprachlos wurde, die mich mit ihrem ewigen Gejammer über ihre eigenen Probleme zur Weißglut getrieben haben und die versucht haben, mich in ihre Spielchen, mit denen sie ihre Tochter austricksten, einzubinden. Fragen Sie einmal eine Aufnahmesekretärin in einer psychosomatischen Klinik, welche Leute sie am meisten fürchtet; mit hoher Wahrscheinlichkeit wird sie ihnen die Eltern magersüchtiger Töchter nennen. Diese jammerten fürchterlich herum, setzten sie unter Druck, machten ihr Vorwürfe, daß sie zu langsam sei und drohten an, mit der Tochter werde etwas ganz Schreckliches passieren, wenn sie nicht sofort in die Klinik kommen könne. Biete sie ihnen dann einen Platz an, sagten sie überzufällig häufig ab mit Gründen wie: nein jetzt gehe es nicht, eine Kusine habe Geburtstag und es sei eine große Familienfeier anberaumt (ersatzweise: Der Opa sei zu Besuch; es laufe gerade so gut; der Vater habe eine Zahnbehandlung im nächstgelegenen Dorf, und die Tochter sei die einzige, die einen Führerschein habe und ihn fahren könne...).

Soviel bisher über die nicht existente Schuld der Eltern nachgedacht und geschrieben worden ist, so wenig findet sich in der Literatur darüber, wie die Patientinnen die Familiensituation erleben. Dabei berichten diese in der Therapie immer wieder von Geschehnissen, die von mangelnder Solidarität der Eltern, überhöhten Ansprüchen, Heimlichkeiten, Hintergangenwerden, massiver Kontrolle und Benutzt- und Mißbrauchtwerden geprägt sind.

In ihrer eigenen Bewertung der Ereignisse sind sie unsicher. Zu Beginn der Therapie werden für Außenstehende haarsträubende Dinge oft wie ohne innere Beteiligung erzählt, und erst später tauchen zögernd, vorsichtig eigene Bewertungen auf. Könnte es sein, daß Mutter und Vater sie bewußt belogen haben? Hat sie sich nicht doch eingebildet, daß die Mutter ihr Tagebuch gelesen hat? Und hat die Mutter, falls sie es gelesen hat, nicht aus Sorge um sie auch ein Recht dazu? Ich kenne keine andere Gruppe von PatientInnen mit neurotischen oder psychosomatischen Störungen, die sich so wenig traut, den eigenen Wahrnehmungen zu vertrauen, das eigene Erleben für richtig zu halten, wie anorektische Patientinnen. Wie kommt es zu dieser Verwirrung?

Gehen wir nicht von einem angeborenen Defekt aus, so muß doch diese Verwirrung Teil eines Lernprozesses innerhalb eines familiären Systems sein. Ich möchte im folgenden diesen Lernprozeß untersuchen, indem ich einige der wesentlichen Charakteristika, die in Familien mit magersüchtigen Töchtern festgestellt wurden, aus der Sicht eben dieser Töchter beleuchte.

Fehlende Verantwortungsübernahme und unklare Regelsysteme

Der folgende Gesprächsausschnitt ist aus einer Gruppe mit Eltern magersüchtiger Töchter. (Es sind drei Elternpaare, eine Mutter und zwei Therapeutinnen anwesend.) Ehepaar K. berichtet über die 24jährige Tochter.

Herr K.: „Sie macht ja gelegentlich, weil wir nicht immer können, oder auch gar nicht mal wollen, mal alleine so'n Langlauf. Da ist sie oft, also Kilometer unterwegs. Irgendwo auf Partien, wo kein Mensch läuft. Also das ist meine Sorge. Wir sind mal irgendwann im letzten Winter mal ausgeflippt, da kam die nicht nach Hause. Da ist die, was weiß ich, bis es dunkel wird, da hab ich gesagt ‚jetzt ist Schluß', hab ich schon die älteren Brüder verständigt, Taschenlampen raussuchen, Auto gucken, wo steht deren Auto, und von da irgendwo ausschwärmen, gukken. Als wir gerade dabei waren loszugehen, da kommt die wieder. Och sagt sie, hab mich ein bißchen verkalkuliert mit der

Zeit. Aber Sie machen sich ja ewig Vorwürfe, wenn da was passiert."

Frau K.: „Ja, vor allen Dingen, wir wissen ja auch nicht, hat sie überhaupt Papiere dabei? Wenn die mal gefunden wird, man wird ja verrückt dabei. Man wird glatt verrückt."

Th.: „Wovon?"

Frau K.: „Ja, wenn sie jetzt unterwegs ist, ich kann ja nicht 'ner 23- oder 24jährigen sagen: ‚Hör mal, wenn du jetzt wegfährst, hast du auch Personalausweis oder sowas dabei?‘ Das weiß ich ja denn im Moment nicht. Wahrscheinlich hat sie dann, ob sie den im Auto läßt, kann ich mir schlecht vorstellen. Ich weiß nicht, wo sie den läßt. Ich hab sie noch nicht gefragt, aber der Gedanke allein, sie hat ja nur den Langlaufanzug, da sind nämlich gar keine Taschen drin."

Th.: „Haben Sie speziell bei Carola solche Angst? Wenn ein anderes Kind losfährt . . ."

Frau K. (unterbricht): „Also ich bin, das will ich nicht sagen, unsere fahren alle Auto, so, egal wo die jetzt sind, das ist irgendwie so 'ne Abmachung, da hab ich also auch Sorge, das ist eben 'ne Abmachung, sie rufen halt an. Und wenn ich jetzt keinen Anruf von den anderen jetzt kriege, und ich weiß gar nicht, wo sie sind, oder alles ist gutgegangen? Mein ich, vergibt sich keiner was, wenn er eben anruft und sagt: ‚Hör mal, es wird spät.‘ Und da muß ich sagen, das haben sie, selbst die Carola, vielleicht weniger, aber sie tut es. War von klein an so. Ist also nichts Außergewöhnliches, auch kein Zwang, eben aus Rücksichtnahme."

Th.: „Das ist einfach selbstverständlich?"

Frau K.: „Selbstverständlich will ich das nicht mal bei Erwachsenen unbedingt sagen, aber die wissen, naja die rechnet damit, und drehen wir mal eben."

Th.: „So etwas wie eine Familienregel?"

Frau K.: „So ungefähr, ja."

Herr K.: „Also Samstag . . ."

Frau K. (unterbricht): „Nicht als Kontrolle! Also ich würd das nicht als Kontrolle sehen, also meine Älteste wird jetzt 25, also da kann ich ja nicht ewig hinterher sein. Oder mir da, wenn die jetzt weite Fahrten machen, die ist also, Dolmetscherin, muß also sehr viel zu Terminen oder so, wenns da sehr spät wird, käm die gar nicht auf die Idee, nicht mal eben anzurufen."

Frau Sch.: „Das setzt man einfach voraus."

Frau K.: „Ja, ich würd das als Rücksichtnahme..."

Frau Sch.: „Richtig."

Herr K.: „Samstag morgen, ist zu typisch, ist unsere Tochter sehr früh losgefahren, wahrscheinlich gegen fünf, ist sie ins Büro gefahren, weil sie irgendwie noch was erledigen wollte. Hat sie uns einen Brief geschrieben, Sonnenstrahlen oben drauf gemalt..."

Frau K.: „Ja, Sonnenstrahlen, Vögelchen drauf..."

Herr K.: „Vögelchen, ‚Hallo ihr Langschläfer, ich bin schon, wenn ihr aufsteht, lange weg und wünsch euch einen schönen Tag' und was weiß ich, einen Roman geschrieben."

Frau K.: „Ganzen Roman! Sagt mein Mann, wenn man das liest, man müßte sagen, wenn man das liest, das ist das fröhlichste Kind, was auf Erden rumläuft."

Herr K.: „Sie schreibt dann auch noch, vielleicht ruf ich euch an."

Frau K.: „Ich sag, ich seh diesen Brief als 'ne glatte Lüge, also so fröhlich wie der geschrieben war, war der nicht."

Th.: „Sie haben ihm nicht geglaubt?"

Frau K.: „Nee, war 'ne glatte Lüge. 'n Theaterspiel oder Vorführung."

Th.: „Was haben Sie gemeint wollte Ihre Tochter Ihnen vorführen?"

Frau K.: „Die will mir vormachen, es ginge ihr glänzend."

Offenbar haben die Eltern K. klare Vorstellungen davon, daß ihre Kinder sich melden sollen, wenn sie aus dem Haus sind. Doch nicht einmal in der therapeutischen Gruppe sind sie in der Lage, sich zu dieser Regel zu bekennen. Vielmehr verstecken sie sich hinter Begriffen wie Selbstverständlichkeit und Rücksichtnahme – wobei auch die Rücksichtnahme als allgemeines Prinzip formuliert wird, nicht als Anspruch, den Frau K. an ihre Tochter Carola hat.

Typisch für diese Unklarheit finde ich auch die Art des Sprechens. Immer wieder fällt mir auf, daß Eltern magersüchtiger Töchter nur halbe Sätze formulieren, insbesondere die Verben lassen sie gerne weg. Auf diese Weise machen sie es nicht nur dem Gegenüber schwer, in das Gespräch einzugreifen – jedes Eingreifen stellt ein Unterbrechen dar, da ja der/die andere einen Satz nie fertig gesprochen hat – sie lassen zudem auch einen Teil der inhaltlichen Aussage offen, legen sich nicht fest.

Hilde Bruch hat wiederholt auf die in bezug auf Bedeutungen verzerrte Sprache anorektischer Patientinnen hingewiesen. Eine wichtige Grundlage könnte diese Sprache in eben diesem unklaren Kommunikationsverhalten der Eltern haben. Wie soll ein Kind in einer Welt, in der alles offengelassen wird, lernen, Dinge, Meinungen, Einstellungen, Gefühle präzise zu benennen?

An dem Gesprächsausschnitt zeigt sich noch ein zweites Problem der Familien: das der Täuschungen und Lügen. In dem Moment, in dem die Tochter sich an die unausgesprochene Familienregel hält, wird ihr dieses Verhalten nicht als echt abgenommen. Ich gehe auf diesen Punkt weiter unten ausführlich ein und möchte jetzt noch einmal auf die Regeln zurückkommen.

Welche Auswirkungen haben unklare Regelsysteme in Familien auf die Kinder? Im günstigsten Fall stehen sie ihnen gegenüber wie Alfred Dorn, der verschrobene Held aus Martin Walsers Roman: ‚Die Verteidigung der Kindheit':

„Obwohl nie, nie, nie darüber gesprochen wurde, verstand er sie immer, die Erwachsenen, wenn sie nicht sagten, was sie meinten, sondern nur sagten, er verstehe sie hoffentlich" (1991, S. 174).

Kinder in anorektischen Familien haben aber in der Regel nicht den Vorteil eines Alfred Dorn, der sich nur mit einer dominanten Mutter auseinanderzusetzen hatte. Sie werden von zwei Eltern in unklare Allianzen verstrickt und müssen das – natürlich nicht explizite – Verbot beachten, offen für ein Elternteil Partei zu nehmen. Beide Elternteile versuchen heimlich, mit der Tochter Koalitionen einzugehen. Doch geht sie offen darauf ein, so erlebt sie regelmäßig, daß jetzt die Eltern zusammenhalten und eine geschlossene Front gegen sie bilden. Diese, von Selvini Palazzoli „Ehe zu Dritt" genannte Konstellation (1982, S. 245) bringt das Kind in eine ständige emotionale Unsicherheit. Nie kann es sich darauf verlassen, daß eine emotionale Nähe, die es gerade zu einem Elternteil erlebt hat, noch Bestand hat, wenn der andere Elternteil dazu kommt. Und zusammen mit der in anorektischen Familien üblichen Abwertung von Emotionen und subjektiven Wahrnehmungen führt dies nicht nur zu einem plötzlichen Verlust von Zuwendung, sondern auch dazu, daß Erlebtes im nachhinein für nicht existent erklärt wird. Die tiefe emotionale Unsicherheit, die völlige Verwirrung darüber, ob das, was sie gerade erlebt haben, auch wirklich so war oder anders – hier liegt meines Erachtens eine ihrer wichtigsten Quellen.

Gerlinghoff & Backmund schreiben, man habe manchmal bei den Patientinnen den Eindruck, sie seien ein Leben lang mißbraucht worden, und fragen:

„Nicht jedes Kind läßt sich locken und mißbrauchen; Magersüchtige tun es. Warum?" (1989, S. 67).

Die Antwort auf ihre Frage sehen sie in der Überzeugung der Patientinnen, daß sie sich ihr Leben und Liebe erst verdienen müssen. Sie zahlten dafür den Preis der Selbstverleugnung und den, nicht auf die eigenen Bedürfnisse zu achten.

Ich stimme mit Gerlinghoff & Backmund in bezug auf den Preis überein. Ansonsten aber halte ich ihre Argumentation für gefährlich, denn aus meiner Sicht macht sie das Opfer zum Schuldigen. Es gibt für mich keinen Zweifel daran, daß Magersüchtige nicht nur in der Überzeugung leben, daß sie sich ihr Leben und Liebe erst verdienen müssen, sondern daß dies ihre tagtägliche Erfahrung ist. Die Magersüchtige erhält Liebe nicht umsonst. Sie erhält sie nur dann, wenn sie sich genauso verhält, wie ihre Eltern es von ihr erwarten. Und da die Erwartungen implizit sind und sich außerdem noch die Erwartungen von Vater und Mutter häufig widersprechen, die Magersüchtige aber nicht sagen darf, daß sie sich widersprechen, weil sich dann Vater und Mutter sofort einig sind, finde ich es nur verständlich, daß eine grenzenlose Verwirrung entsteht.

Darstellung als intakte Familie

Das Bemühen der Familien, sich als gute, als funktionierende Familie darzustellen, führt innerfamiliär zu Harmonisierungen und in der Außendarstellung der Familie dazu, daß die Familie als zufrieden und funktionierend vorgeführt wird.

Zunächst zur Harmonisierung: aus Sicht der heranwachsenden Tochter bedeutet das familiäre Gesetz: „Wir haben alle die gleiche Meinung und die gleichen Gefühle", daß sie immer wieder erfährt, anders zu sein als die anderen und anders, als sie sein soll. Hier begegnet uns wieder eine der zentralen „Ursachen" der Anorexie: wäre das junge Mädchen ein Mensch, dem – aus welchen Gründen auch immer – Anpassung leicht fällt, so wäre es für sie kein Problem, die familiären Werte und Regeln zu übernehmen. Es würde die Diskrepanz zwischen eigenen Wertvorstellungen und Familienvorstellungen gar nicht in dem Maße wahrnehmen. Anders die (später) anorektische junge Frau: sie erlebt ständig den Widerspruch zwischen dem, was sie erlebt und fühlt und dem, was sie erleben und fühlen soll. Ihre Tragik ist, daß sie nicht eindeutig zu ihrem eigenen Erleben stehen kann – und zwar vermutlich deshalb, weil sie die Erfahrung gemacht hat, daß in solchen Fällen Liebesentzug auf dem Fuße folgt. Sie gerät somit in einen Zustand von Verwirrung, den sie häufig folgendermaßen löst: nach außen hin mit Widerstand, Bockigkeit, innerlich aber geplagt von massiven Schuldgefühlen und Zweifeln.

Eine Patientin beschrieb mir einmal eine Szene, in der ihr sehr ehrgeiziger Vater wollte, daß sie trotz hohen Fiebers an einem sportlichen Wettkampf teilnahm. Es habe eine heftige Auseinandersetzung gegeben, der Vater sei sehr böse auf sie geworden. Sie sei dann nicht gegangen, sie habe sich so krank gefühlt, und außerdem habe sie ja „einen dicken Kopf". Anschließend habe

sie dann aber starke Schuldgefühle gehabt, „weil, innerlich setz'
ich mich nicht durch".

„Innerlich setz' ich mich nicht durch" – ich denke, daß dieser
Satz genau auf den Punkt bringt, was Anorexiepatientinnen fühlen, wenn sie sich tatsächlich einmal widersetzen. Sie tun dies nur
äußerlich; innerlich schaffen sie es nicht, sich zu ihren Vorstellungen und Bedürfnissen zu bekennen und reagieren mit massiven Schuldgefühlen und Verwirrung über die eigene Person.
Das Symptom der Anorexie stellt meines Erachtens die perfekte
Ausgestaltung dieser Problemlösung dar: massiver Protest nach
außen, innerlich heillose Verwirrung.

Aus dem familiären Anspruch, sich nach außen hin als Mitglied einer intakten Familie darzustellen, ergeben sich für die
anorektische Patientin dauernde Ansprüche. Diese äußern sich
vor allem im Leistungsbereich und in dem, gut und ordentlich
auszusehen.

Die Leistungsorientiertheit anorektischer Patientinnen und
ihre Fähigkeit, Leistung zu erbringen, erkennen in der Regel
alle. Nur nicht sie selbst, und in den meisten Fällen auch nicht
ihre Eltern. Die Erfahrung, die das später anorektische Mädchen
in der Familie macht, ist, daß permanent Leistung von ihm
gefordert wird – doch so sehr es sich auch anstrengt, es ist nie
genug. Ganz im Sinne des allgemein abwertenden Kommunika-
tionsstils innerhalb der Familie werden auch Leistungen kommentiert. So etwa die „Eins" in einer Klassenarbeit: „Siehst du,
es geht ja doch. Hättest du dich doch bei der letzten Arbeit auch
so angestrengt." (Die vorige Arbeit der Patientin war ein „Gut").

Neben den Ansprüchen, insbesondere im schulischen und be-
ruflichen, aber auch im sportlichen, sozialen und musischen Bereich ist die anorektische Patientin häufig damit konfrontiert,
eine gute Figur zu haben oder ordentlich auszusehen. Die Botschaft „Sei schlank!" scheint dabei vordergründig eher von der
Mutter auszugehen. So berichten Patientinnen immer wieder,
daß ihre Mütter sehr um ihre Figur besorgt gewesen seien oder
Diäten machten, um schlank zu bleiben. In Familiengesprächen
fällt jedoch häufig ein merkwürdiges Interesse der Väter an

diesem Thema auf. Mir sind mehrere Väter in Erinnerung, denen die Bewunderung für ihre Tochter: „Wie eisern die durchhält!" deutlich anzumerken war, während sie über mehrere gescheiterte Diätversuche ihrer Frau berichteten.

Hilde Bruch beschreibt „ein brennendes, sogar groteskes Interesse" von einigen Vätern dicker Kinder an deren Fettsucht, „als ob alles andere nicht von Bedeutung wäre", und sie beschreibt drei Gruppen von Vätern, die die Fettsucht eines Kindes, besonders einer Tochter, als persönliche Kränkung betrachten: „Bekleidungshersteller, Filmproduzenten und Spezialisten für Stoffwechselkrankheiten" (1973; 1991, S. 96). Die Typologie sollte vermutlich nicht so ernst genommen werden, aber sie verweist auf einen bisher in der Anorexieforschung unbeleuchteten Bereich: den der Körperlichkeit innerhalb der Familie. Inwieweit sexuelle Fragen betroffen werden, wenn Väter magersüchtiger Töchter ihre Bewunderung für deren Abnehme-Leistung nicht verhehlen, ist zusätzlich unklar.

Ich möchte jetzt nicht weiter über diesen Punkt spekulieren, sondern noch auf einen anderen Aspekt der familiären Außendarstellung hinweisen: den der Ordentlichkeit.

Es mutet mich immer wieder absurd an, wie heftig in Familien mit anorektischen Töchtern um die Länge eines Ponys, die Kürze eines Rocks oder die Weite eines Pullovers gestritten werden kann. Die Auseinandersetzungen sind deshalb so heftig, weil sie nicht auf der Ebene des persönlichen Geschmacks ausgetragen werden, sondern auf der der Familiensolidarität und – emotional noch schlimmer – des Liebesbeweises. Die Tochter mit dem zu langen Pony mutet ihren Eltern nicht nur zu, daß sie sich gegenüber den Nachbarn und Verwandten schämen müssen, sondern sie liefert auch den Beweis besonderer Hartherzigkeit, da sie den Pony nicht kürzer schneidet, obwohl es Mutti damit so schlecht geht.

Die zweite Konsequenz, die sich für die anorektische Patientin aus dem Anspruch ergibt, Mitglied einer intakten Familie zu sein, ist das Fehlen von Solidarität der Eltern. Sie macht nicht die Erfahrung, daß die Eltern sie Außenstehenden gegenüber in

Schutz nehmen, sondern im Gegenteil, daß Nachbarn, Lehrer, Verwandte, der Pfarrer oder die Eltern von Schulkameradinnen für wichtiger und oft auch: vertrauenswürdiger gehalten werden als sie selbst. „Die anderen Leute gehen immer vor" – so oder ähnlich ein häufiger Satz anorektischer Patientinnen.

Opfereskalation

Ein weiteres Charakteristikum von Familien mit einem anorektischen Mitglied ist das der sogenannten „Opfereskalation". Nach Selvini Palazzoli (1982) konkurrieren die Eltern um eine Position moralischer Überlegenheit, die sie vor allem dadurch nachweisen, die meisten oder das größte Opfer für die Familie gebracht zu haben. Und nicht selten erlebt die Tochter dies so, als würden die Opfer vor allem ihr gebracht. Und sie erfährt dies auch sehr deutlich, etwa in Sätzen wie: „Eigentlich wollte ich ja Medizin studieren – aber als du dann kamst, da haben wir uns so gefreut, da ging das ja natürlich nicht mehr." Es gibt nahezu keinen unerfüllten Wunsch, kein unerreichtes Lebensziel, das die Eltern magersüchtiger Kinder nicht in das Opfer für die Familie einbringen. Die Tatsache, daß sie immer wieder betonen, das „natürlich" gerne getan zu haben, erlöst die Tochter nicht von ihren Schuldgefühlen. Das Gefühl, den Eltern eine Last zu sein, eine Bürde, entsteht sicher nicht ohne realen Hintergrund im Kopf der Patientinnen.

Vermaschung

Nach Minuchin et al. (1978) bedeutet „Vermaschung" ein ständiges Beharren auf Gemeinsamkeit und Gemeinschaftlichkeit sowie ein Abwehren von Autonomie- und Selbstverwirklichungsbestrebungen. Das Wohl der Familie steht über dem Wohl ihrer einzelnen Mitglieder und wird nur dann als realisierbar empfunden, wenn alle das gleiche empfinden, erleben und tun. Die folgenden beiden Beispiele, das eine aus einem Brief einer Mutter an mich, das andere aus einem Gespräch mit einer anderen Mutter, zeigen, was Vermaschung in bezug auf das anorektische Symptom bedeutet:

„Meine Tochter, 18 Jahre alt, ist seit gut einem Jahr magersüchtig. Seit Anfang dieses Jahres suche ich Hilfe bei Internisten, Psychologen, Kinderärzten, Psychiatern, Psychotherapeuten. Ein Aufenthalt in einer psychosomatischen Klinik brachte auf Grund der dort praktizierten Verhaltensmodifikation einen vorübergehenden Gewichtserfolg, allerdings verbunden mit starken Depressionen. Wir haben zur Zeit den kritischsten Punkt erreicht, Ursula wiegt bei 163 cm Größe noch 32 Kilo. Als schwer zu therapierende Patientin vom Internisten zum Psychiater und umgekehrt geschickt, fühlen wir uns im Moment restlos allein gelassen."

„Da ist ein Sanatorium in O., und eventuell könnte meine Tochter da mal hin. Und ich muß gestehen, durch diese dauernde fürchterliche Angst, ich mein, es tat mir sehr gut, aus gesundheitlichen Gründen, aber ich selbst bin sehr mager geworden. Ich hab jetzt in dem einen Jahr, nein, anders, seit Weihnachten, 35 Pfund abgenommen. Ich kann es nicht erklären. Ich esse sehr reichlich und so wie immer, und das einzige, was ich eben andeuten kann und erzählen kann, daß ich eine fürchterliche Angst ständig in mir spüre. Und ganz hilflos bin, daß das wahrscheinlich damit zusammenhängt, und daß eventuell unsere Ulrike unter dieser starken Nervosität so leidet. Denn was sie ißt, ist gar nicht immer so sehr wenig. Und, es ist schon schlimm, die Abneigung, die man überall spürt, und ich merk wirklich selbst auch, daß es mich auch 'ne Überwindung kostet, hierher zu kommen."

Die Patientinnen erleben die Vermaschung als permanente Einmischung der Eltern und als Fehlen jedweder Privatsphäre. An sie adressierte Briefe werden selbstverständlich von der Mutter geöffnet; wehrt sich die Patientin dagegen, so wird ihr vorgeworfen, sie habe es wohl nötig, Geheimnisse zu haben. „Bei uns sind alle Türen offen" sagte die Mutter einer magersüchtigen Patientin stolz in der Angehörigengruppe.

Vermaschung – ohne daß sie das Wort kennen – wird von vielen Patientinnen als wesentlicher Auslöser für ihre Erkrankung angesehen. Sie beschreiben Einmischung, Enge, nicht zugestandenes Recht auf eigene Meinung und eigenes (Er)Leben. Eine ehemalige Patientin schreibt, daß die Anorexie „der adäquateste Ausdruck, die angemessenste Form" des Widerstands gegen den „familiären Zustand" gewesen sei. Und sie unterstreicht den Satz: *„Wenigstens angesichts der eigenen Gestalt muß der Mensch doch die Wahlfreiheit haben!"*

Sheila McLeod (1983) beschreibt in ihrem Selbstbericht sehr eindrücklich, wie ihr ihr eigener Körper enteignet wurde – angefangen damit, daß sie die Nase des Vaters hatte, die Augen der Großmutter usw. Über Kinder wurde, so McLeod, in ihrer Familie auch in deren Anwesenheit in der dritten Person gesprochen, wodurch sie lernte, daß Kinder eben keine eigenen Gedanken und Gefühle zu haben haben. Das Kind in der anorektischen Familie hat nichts für sich, selbst sein Körper wird zum Objekt des familiären Plans.

Alles, was das Kind tut, macht es nicht für sich, sondern für die Vorstellung der Eltern. Es hat die Formen auszufüllen, in die seine Eltern es gegossen haben. Und was immer es tut, es ist nicht genug.

Und nicht einmal ihre Krankheit bleibt die ihre. Im Verlauf der Erkrankung machen die Patientinnen häufig die Erfahrung, daß ihr Problem zu demjenigen der Eltern wird. Eine ehemalig anorektische Frau beschreibt diesen Prozeß aus ihrer heutigen Perspektive folgendermaßen:

„Die Tatsache, daß mir *mein* Problem nicht gelassen wurde: es wurde immer mehr zum Problem meiner Eltern; nicht meine Ängste, sondern *ihre* Ängste standen im Vordergrund, nicht meine Selbstmordgedanken, sondern ihre Nervenzusammenbrüche, nicht meine Beziehungsschwierigkeiten mit Männern, sondern ihre Scham über meinen „vertraulichen" Umgang mit meinem Freund wurden immer wichtiger."

Überfürsorglichkeit

Liebende Fürsorge für andere, ständige Sorge, es könne ihnen etwas passieren, und erhöhtes Gefühl der Verantwortung für die anderen werden insbesondere von der Heidelberger familientherapeutischen Gruppe um Weber & Stierlin (1989) als Charakteristika anorektischer Familien gesehen. Auch Lawrence (1986) beschreibt, daß anorektischen Mädchen in der Regel von ihren Müttern zuviel Fürsorge zukommt. Dieses Zuviel soll sich unter anderem darin äußern, daß die Mütter in ständiger Unsicherheit leben, ob sie ihrem Kind auch genug zu essen geben.

Ich habe erhebliche Zweifel an dieser Interpretation. Die äußerlich sicher vorhandene Sorge ist meines Erachtens sehr viel mehr Ausdruck einer Unfähigkeit der Eltern, sich von ihrem Kind abzugrenzen, und noch häufiger die Fehlinterpretation des eigenen Wunsches nach Kontrolle. Die Art der Sorge scheint mir eher auf eine äußere Versorgung ausgerichtet zu sein, die jedoch die Bedürfnisse des Kindes mißachtet. So wie in dem Bild auf Seite 15, in dem eine äußerst korrekte und emotional kalt wirkende Frau ein Kind füttert, dem der Sinn offensichtlich nicht nach Spaghetti steht. Und daß sie den nächsten fürsorgenden Akt bereits in der Hinterhand hält, macht das Bild für mich um so mehr zu einem Sinnbild der anorektischen Beziehungsstruktur.

Es handelt sich um eine Versorgung, die – so Hilde Bruch – den Eltern als Selbstbestätigung dient und als Spiegelbild ihrer eigenen Leistungen. Das Kind wird somit wieder einmal funktionalisiert, seine Eigenständigkeit als Mensch wird nicht berücksichtigt (vgl. Bruch 1973/1991). Peter Lambley (1983) zufolge haben Eltern anorektischer Töchter an diesen überhaupt nur Interesse, solange sie über sie Kontrolle haben. Und in der Tat beklagen die meisten Patientinnen das Desinteresse der Eltern an ihren Aktivitäten außerhalb des häuslichen Rahmens. Wenn sie die Familien verlassen haben, z. B. zum Studium, so sind es in der Regel sie, die den Kontakt aufrechterhalten müssen – die Eltern rufen weder an, noch sind sie daran interessiert zu sehen, wie die Tochter lebt. Dabei paßt es natürlich ins Muster, daß die Tochter trotz der Einseitigkeit des Briefeschreibens, Besuchens und Telefonierens wieder einmal nicht genug tut.

Typische erste Sätze von Eltern anorektischer Töchter, die von ihrer Tochter angerufen werden, sind:

„Gerade hab ich noch zu Papa gesagt, ob sie denn wohl heute noch anruft?" – „Ich dachte schon, Du hättest uns vergessen." – „Seit zwei Tagen warte ich schon so auf Deinen Anruf."

Überfürsorgliche Eltern würden vielleicht ähnliche Sätze sagen – aber mit dem Unterschied, daß sie selbst anriefen.

Anorektische Patientinnen dagegen erleben häufig, daß es den Eltern sehr viel weniger darum geht zu erfahren, wie es ihnen geht – als darum, daß sie angerufen haben, „wie es sich gehört".

Eltern von anorektischen Patientinnen, so Peter Lambley (1983), üben mit einer „eisernen Faust in einem seidenen Handschuh" Kontrolle aus: Außenstehende sehen die fürsorgliche Hand, aber die Tochter spürt den eisenharten Druck, der auf sie ausgeübt wird, damit sie den von den Eltern definierten Regeln folgt.

Täuschungen und Lügen

Täuschungen und Lügen sind in den Familien an der Tagesordnung. Im Verlauf der Erkrankung läßt sich hier geradezu eine Eskalation des sich gegenseitigen Hintergehens feststellen: die Tochter tut alles, um nichts zu essen, aber so zu tun, als habe sie gegessen; die Eltern tun alles, die Tochter durch diverse Tricks zum Essen zu bringen, aber so zu tun, als kümmere sie das Essen überhaupt nicht. Gegenseitig liegt man auf der Lauer und versucht die andere Seite zu überführen. Wer jemals mit magersüchtigen Frauen und ihren Eltern gesprochen hat, weiß, daß diese sich gegenseitig beschuldigen. Die Patientinnen sagen, die Eltern füllten Vollmilch in Magermilchkartons, zählten die Knäckebrotscheiben ab, um zu prüfen, ob sie eine genommen hätten, rührten Sahne in den Magerquark und ähnliches. Die Eltern beklagen sich darüber, daß die Töchter Äpfel von der Schale nehmen und sie im Schrank vergammeln lassen, daß sie vor dem Wiegen einen Liter Wasser trinken oder Teile des Essens heimlich dem Hund zu essen geben.

Tatsache ist: beide Seiten haben Recht, und beide Seiten bestreiten ihr Tun in der direkten Auseinandersetzung weitgehend. Ist einmal wirklich jemand ertappt, wird eine einzelne „Sünde" zugegeben. Das allgemeine Täuschungsmanöver hört damit jedoch nicht auf, wird in der Regel nur perfektioniert.

Ich bin überzeugt, daß sich Lügen und Heimlichkeiten in anorektischen Familien nicht erst im Verlauf der Symptomentwicklung etablieren. Vielmehr gehe ich davon aus, daß Täuschungen und Lügen ein zentrales Element dieser Familien sind und daß die übrigen Familiencharakteristika hier einen wesentlichen Ursprung haben.

In den Familien, in denen Anorexie auftritt, gibt es – so meine These – in aller Regel ein Tabu, eine Lebenslüge. Diese Lüge wird von den Eltern geteilt. Es handelt sich um etwas, das dem Wertsystem der Eltern so schrecklich ist, daß es auf jeden Fall geheim gehalten werden muß. Mir bekannt gewordene Beispiele sind:

In einer streng katholischen Familie stammt die ältere, geistig behinderte Schwester der Patientin aus einer außerehelichen Beziehung der Mutter. – In der Vergangenheit des Vaters gibt es eine kriminelle Episode. – In der Vergangenheit der Mutter gibt es eine aus heutiger familienpolitischer Perspektive unrühmliche politische Phase in der NS-Zeit. – Die Mutter ist an Epilepsie erkrankt.

Aber es braucht sich keineswegs immer um solch eklatante Geschehnisse zu handeln. Wichtig ist lediglich, daß das Ereignis im Rahmen des elterlichen Wertsystems nicht tolerierbar ist. Bündnisspiele, Opferspiele, Vermaschung und Kontrolle machen in solchen Familien durchaus einen Sinn. Sie haben einen realen Hintergrund, den die Patientin nicht merken soll. Denn von ihr, der eine besonders hohe Sensibilität zu eigen ist, geht

eine Gefahr aus, das Familientabu aufzudecken. Woran sie natürlich, ganz im Sinne von Alice Millers ‚Du sollst nicht merken‘
(1981) mit aller Macht gehindert werden muß. Und so erlebt sie
weiter, daß zwar über sie geredet, aber nicht mit ihr gesprochen
wird. Gibt es etwas, womit man einen Menschen mehr kränken
kann?

Ich möchte am Schluß dieses Kapitels noch einmal betonen, daß
die hier beschriebenen Charakteristika natürlich nicht uniform
auf alle Familien zutreffen, in denen eine Tochter anorektisch
wird. Genauso wenig, wie es „die Anorektikerin" gibt, gibt es
auch „die anorektische Familie". Zweifelsohne kann man davon
ausgehen, daß in Familien, in denen ein Mitglied anorektisch
wird, Probleme bestehen, die bisher nicht gesund gelöst werden
konnten. Aber das heißt nicht, daß es nicht Familien gibt, in
denen die Eltern nicht bereit wären, untaugliche Lösungsversuche aufzugeben.
  Es ist ohne Frage das große Verdienst familientherapeutischer
Forschung, die typischen Strukturen aufgedeckt und untersucht
zu haben, die in Familien vorherrschen, in denen ein Mitglied
anorektisch wird. Hierdurch wurden Muster nicht nur erkenn-
bar, sondern auch bei gutem Willen und Wunsch aller Beteiligten
veränderbar. Ich teile jedoch nicht den Optimismus familientherapeutischer Schulen, daß alle Familien veränderungsbereit sind,
und sehe daher die Gefahr, daß bei dieser gegenüber den Par-
teien neutralen Betrachtungsweise die Interessen der Patientinnen zu kurz kommen und daß übersehen wird, wie sehr ein
einzelner junger Mensch in seinen Bedürfnissen mißachtet wird.

5. Partnerschaft und Ehe

Über verheiratete bzw. mit einem Partner zusammenlebende Patientinnen ist mir aus der Literatur nichts bekannt. Ich habe bisher sieben solcher Frauen kennengelernt, was natürlich eine zu kleine Zahl ist, um irgendwelche systematischen Beobachtungen zu machen. Wenn ich dennoch im folgenden meine Erfahrungen und Eindrücke wiedergebe, so geschieht dies zum einen in der Hoffnung, hiermit ein Thema in die Diskussion zu bringen, das in der Praxis nicht so unwichtig ist, wie es nach Lage der Literatur aussieht. Zum zweiten habe ich insbesondere als Supervisorin erfahren, wie schwierig der therapeutische Umgang mit verheirateten Patientinnen und ihren Familien ist. Vielleicht können somit meine Überlegungen eine therapeutische Hilfe sein.

Alle Frauen, die ich kennengelernt habe, hatten mit der Anorexie vor der Ehe begonnen, die meisten, bevor sie ihren Partner kennenlernten. Bei allen intensivierte sich die Erkrankung im Verlauf der Ehe. Bei einer Patientin, die zwei Kinder hatte, sah es zunächst so aus, als habe sich die Erkrankung erst nach der Geburt des zweiten Kindes entwickelt; gleiches galt für eine Frau, die den Beginn ihrer Erkrankung mit einer Fehlgeburt in Verbindung brachte. Während der Therapie zeigte sich jedoch in beiden Fällen, daß die Patientinnen lange vor dem für sie so wichtigen Ereignis diverse anorektische Verhaltensweisen gezeigt hatten bzw. daß früher Phasen von massiven Eßstörungen aufgetreten waren. Das jetzt in der Lebensgeschichte einschneidende Ereignis schien also lediglich die Funktion des zündenden

Funkens an einer bereits langjährig schwelenden Problematik gehabt zu haben.

Daß sich bei den Frauen die Problematik im Verlauf der Partnerschaft verschlimmert hat, hängt sicherlich damit zusammen, daß TherapeutInnen in der Regel nicht die Frauen kennenlernen, bei denen die Partnerschaft einen günstigen Einfluß auf den Krankheitsverlauf hat. Bei den Frauen jedoch, über die ich berichte, schienen sich in ihren Beziehungen die Muster zu verfestigen, die zur Stabilisierung der Anorexie beitrugen.

Die für mich auffallendste Gemeinsamkeit aller verheirateten anorektischen Patientinnen ist, daß sie und ihr Partner intensiv in eine der Ursprungsfamilien eingebunden sind. Entweder, die Patientin kommt als Tochter in seine Familie, oder – was häufiger zu sein scheint – der Ehemann wird von ihren Eltern „adoptiert".

Wie bei vielen anderen Menschen auch steht wohl am Beginn der Ehe für viele Patientinnen der dringende Wunsch, sich hierdurch von den Eltern und der Ursprungsfamilie zu lösen. Doch mit ihrer Unfähigkeit, eigene Bedürfnisse anzumelden und Konflikte durchzustehen, wählen sie häufig ebenfalls konfliktscheue Männer, die nicht in der Lage sind, eine eigene Beziehung in der Abgrenzung von Eltern oder Schwiegereltern herzustellen. Die junge Frau, die sich durch ihren Partner Hilfe in der Grenzziehung gegenüber ihrer Familie erhoffte, reagiert auf das Komplizierterwerden der ganzen Situation offenbar mit einer Intensivierung des anorektischen Verhaltens. Es entsteht ein Teufelskreis, der im folgenden Beispiel sehr plastisch wird:

Frau O., 30 Jahre alt, lernte ihren ein Jahr älteren Mann mit 18 Jahren kennen. Damals habe sie 54 Kilogramm gewogen und in dieser Zeit erstmalig darauf geachtet, nicht mehr so viel zu essen. Als sie sich vier Jahre später verlobte, habe ihre Mutter „außergewöhnlich bösartig" darauf reagiert und ihr lange nicht verziehen, daß sie sie über dieses Ereignis nicht früher informiert habe. Sie habe dann nach und nach weniger gegessen, worauf ihre Mutter mit Vorwürfen reagiert habe. Als sie 24 Jahre alt gewesen sei, hätten sie und ihr Mann mit dem Hausbau begonnen. Das

Grundstück grenze unmittelbar an ihr Elternhaus an. Sie schreibt in einem Tagebuch, das sie während eines stationären Aufenthalts führte:

„24/25 Jahre: Baubeginn für unser Wohnhaus. Ich arbeite körperlich sehr viel und hart und nehme in eineinhalb Jahren Bauzeit bis 35 Kilo ab, da ich nicht mehr esse wie bisher.

Das Verhältnis zu meinem Mann verschlechtert sich, da ich beginne, auch ihm Vorschriften über Essensmengen zu machen.

In dieser Zeit lebt mein Mann fast ganz in meiner Familie.

Meine Eltern halten mehr zu meinem Mann als zu mir, da ich sie ohnehin durch mein Abnehmen fast in den Wahnsinn treibe. Sie drängen darauf, daß unser Haus fertig wird und wir ausziehen. Ich selbst hoffe, daß das Verhältnis zu meinem Mann wieder besser wird, wenn wir allein für uns sind, ich aus den Klauen meiner Mutter bin."

Natürlich erfüllte sich die Hoffnung nicht. Auch nach dem Einzug in das eigene Haus kontrollierte Frau O. die Essensmengen ihres Ehemannes – dieser brauchte jedoch keinen Hunger zu leiden, da er zusätzlich bei der Schwiegermutter aß und von ihr auch Verpflegung für den Dienst erhielt. Frau O. kontrollierte das Essen ihres Mannes, weil er von ihrer Mutter zu üppig versorgt wurde, und diese versorgte ihn, weil er von ihrer Tochter zu kurz gehalten wurde. Daß sowohl Kontrolle als auch Versorgung heimlich stattfanden, Mutter und Tochter aber voneinander wußten und keine der Frauen mit dem Ehemann darüber sprach, versteht sich von selbst.

Die Desillusionierung, die die anorektische Frau im Verlauf ihrer Ehe erleidet, ist eklatant. Sie hatte gehofft, gemeinsam mit ihrem Mann der Familie zu entkommen und muß im Gegenteil feststellen, daß eine noch stärkere Einbindung stattfindet. Die Eltern haben gleichsam Verstärkung durch den Ehemann erhalten – und alle gemeinsam kämpfen sie nun gegen die Krankheit.

Die Bereitschaft der Ehemänner, sich in der Schwiegerfamilie als Kind behandeln zu lassen und ihren Gesetzen unterzuordnen, ist erstaunlich. Es gibt jedoch mehrere Gründe, die sie recht verständlich machen:

Erstens „beweist" die Krankheit der Tochter ja gleichsam, daß es in der Ehe nicht gut geht, sprich: daß der Ehemann versagt. Dieser steht somit in der Pflicht, seinen Schwiegereltern zu zeigen, daß er ein guter Mann ist. Daß er dies am besten dadurch tut, daß er die Regeln der Schwiegerfamilie anerkennt, ist evident. Zum zweiten bietet sich aber auch die Schwiegerfamilie als bester Koalitionspartner des Ehemanns gegen die Krankheit an. Mit wem sonst kann er sich verbünden? Angesichts der Erkrankung seiner Frau ist er hilflos, und so liegt es nur nahe, daß er sich in seiner Hilflosigkeit mit denen zusammentut, die sich so wie er von der Erkrankung betroffen fühlen.

Es entspricht gleichsam dem natürlichen Lauf der Dinge, daß die Erkrankung der anorektischen Frau eine Funktion im Rahmen der Beziehung übernimmt. Eine wesentliche Funktion scheint die der gegenseitigen Abgrenzung zu sein. Während die Frau deutlich macht, daß das Essen ihre Angelegenheit ist, scheint er mit eben dieser Abgrenzung eigene Freiräume zu verteidigen. Etwa gemäß dem Motto: „Wenn du nicht willst, daß ich dir in dein Essen reinrede, dann laß mich auch in Ruhe mit meinem Sportverein, meinen Modellflugzeugen, meiner Singvögelzucht...". Sehr leicht entsteht auf diesem Wege eine gegenseitige Hochrüstung, die dann nur noch mit erheblichem Gesichtsverlust auf beiden Seiten aufgegeben werden kann. Darüber hinaus ergeben sich hierdurch leicht Doppelbindungen, die dann das anorektische Muster weiter verfestigen. Das folgende Beispiel verdeutlicht diesen Prozeß:

Frau R., eine 21jährige anorektische Frau, lebt seit zwei Jahren mit ihrem Verlobten zusammen. Beide schwärmen für die 50er Jahre. Das äußert sich bei ihr in entsprechender Kleidung und Frisur – Petticoat, Vichy-Karos, hochtoupiertes Haargebirge. Er „sammelt" Autos aus den 50er Jahren, was heißt, daß er Oldtimer kauft, die er in mühseliger und vor allem zeitintensiver Kleinarbeit restauriert. Das gemeinsame Interesse an den 50ern wird von der Patientin als wesentliches Element der Gemeinsamkeit und Zusammengehörigkeit mit ihrem Verlobten erlebt.

Ein Problem des Paares ist das Geld. Die Patientin hat keinen Beruf, ist auch noch nie einer längeren Beschäftigung nachgegangen. Der Verdienst des Verlobten, er arbeitet als Schweißer in einem Großbetrieb, reicht gerade für die notwendigsten Dinge der Haushaltsführung. Die Miete der gemeinsamen Wohnung bezahlen die Eltern der Patientin, einen wichtigen Teil im gemeinsamen Budget machen regelmäßige Zuschüsse der Oma von Frau R. aus. Ersparnisse der Patientin aus früheren Jahren (hauptsächlich Geschenke der Oma) wurden in den letzten beiden Jahren vollständig aufgebraucht. Der Interpretation des Verlobten zufolge wäre genug Geld da, wenn die Patientin nicht durch ihre zahlreichen bulimischen Attacken soviel Lebensmittel kaufen würde. Ihrer Interpretation zufolge würde das Geld reichen, wenn er nicht soviel Geld in den Ankauf und die Restaurierung der alten Autos stecken würde. Der vom Verlobten seit langem angekündigte große Gewinn durch den Verkauf der Autos ist bisher ausgeblieben.

Frau R. sagt, sie habe sich immer für einen eher im künstlerischen Bereich anzusiedelnden Beruf interessiert – Tänzerin, Mannequin oder Kosmetikerin. Da ihre Eltern dies jedoch für brotlose Spinnerei hielten, fing sie auf deren Veranlassung mehrere Ausbildungen im kaufmännischen Bereich an, die sie allesamt nach kurzer Zeit abbrach. Nach ihrer Gesundung würde sie gerne eine Ausbildung beginnen, wobei sie nicht weiß, welche. Ihr Verlobter und ihre Eltern drängen darauf, daß sie sich eine Arbeit sucht, wenn sie wieder gesund ist, damit sie Geld verdient.

In ihrer Lebensführung hat sie sich gänzlich auf ihren Verlobten eingestellt. Seit sie mit ihm zusammen wohnt, verbringt sie die Zeit, in der er arbeitet, entweder bei seiner Mutter oder im Auto vor seiner Arbeitsstelle. Die Freizeit verbringt sie mit ihm in der Garage.

In gemeinsamen Gesprächen mit Frau R. und ihrem Verlobten zeigte sich, daß die Krankheit ein Machtmittel in der Beziehung geworden war, das sie seinem Machtmittel, den Autos, entgegensetzte:

Frau R. ist eifersüchtig auf die Autos und wirft ihrem Verlobten vor, er verbringe all seine Zeit mit ihnen statt etwas mit ihr zu unternehmen. Um mit ihm zusammen zu sein, müsse sie mit in die Garage. Außerdem seien die Autos schrecklich teuer, und sie sehe nicht ein, daß sie auf eine Ausbildung verzichten und arbeiten gehen solle, wenn anschließend doch alles Geld in die Autos fließe. Sein Gegenargument: das Geld würde reichen, wenn sie nicht soviel für Lebensmittel ausgeben würde, die sie dann doch auskotze.

Unter kommunikationstheoretischen Gesichtspunkten ist ein Double-bind entstanden. Krankheit auf der einen und Autos auf der anderen Seite stellen jeweils ein Machtmittel dar, das beide Partner nicht aufgeben können, da dann der andere Sieger wäre. In bezug auf die Autos bedeutet dies zudem, daß, würde der Verlobte diese aufgeben, er für Frau R. weniger attraktiv wäre, sind die Autos doch ein wesentliches Element des gemeinsamen Hobbys und damit seiner Attraktivität für sie.

Eine weitere Gemeinsamkeit der Paare ergibt sich nahezu zwangsläufig aus dem Krankheitsbild Anorexie: Die Patientinnen „erreichen" es innerhalb kurzer Zeit, daß ihre Partner sich gegenüber ihrem Essen und Gewicht ebenso verhalten wie ihre Eltern. Daß die Partner somit das Eßverhalten entweder kontrollieren oder ignorieren, daß sie Druck ausüben oder besondere Nachgiebigkeit walten lassen... Angesichts der Rigidität der Patientin übernehmen sie bald die komplementäre soziale Rolle.

Darüber hinaus ist auffallend, wie sehr die Partner anorektischer Frauen das Credo der Familien übernehmen, ohne die ,Anorexie sei alles in Ordnung. Ich erinnere mich an ein Gespräch mit einem Paar, in dem ich versucht hatte, über Gemeinsamkeiten einerseits und über mögliche Unterschiede, Differenzen zwischen den Partnern andererseits zu sprechen. Es ergaben sich nur Gemeinsamkeiten – und als einziges Problem die Erkrankung der Frau. Etwa eine viertel Stunde nach dem Gespräch rief mich der Ehemann aus einer Telefonzelle an: er sei auf dem Weg nach Hause (die Patientin war zu einem stationären Aufenthalt), und da sei ihm noch etwas eingefallen. Ich hätte doch gefragt, ob es noch irgendwelche Unterschiede gäbe. Ja, da sei noch etwas, er wünsche sich seit Jahren ein Kind, und seine Frau sei dagegen.

Zum Abschluß möchte ich noch auf die Frage der sexuellen Beziehung eingehen. Diesen Aspekt habe ich bisher als sehr heterogen erlebt. Einige Frauen scheinen in der Anorexie keine sexuellen Wünsche zu haben bzw. beschreiben ihr Abmagern auch als Versuch, Weiblichkeit und damit sexuelle Attraktivität zu verringern. Andere jedoch berichten von befriedigenden sexuellen Beziehungen. Die Ehemänner finden ihre Frauen in aller Regel zu dünn, verweigern aber aus diesem Grund nicht den sexuellen Kontakt. Mehrmals äußerten Patientinnen mir gegenüber, daß es sie ärgere, daß ihr Mann sie immer noch schön finde, obwohl sie schon so dünn seien.

6. Zur Ätiologie der Anorexie

Die folgenden Ausführungen zu einem Modell der Entstehung der Anorexie sind einerseits durch die Auseinandersetzung mit den verschiedenen Theorien entstanden, andererseits jedoch ganz entscheidend durch meine therapeutische Tätigkeit geprägt. Ich möchte daher dieses Kapitel sehr persönlich damit einleiten, daß ich beschreibe, wie ich zu dieser Sichtweise von Anorexie und ihrer Behandlung gekommen bin.

Zu Zeiten, in denen der Schulenstreit zwischen den therapeutischen Richtungen noch sehr viel heftiger ausgetragen wurde als heute, habe ich eine Ausbildung sowohl in Gesprächspsychotherapie als auch in Verhaltenstherapie gemacht. Diese beiden Therapieformen, die damals weitgehend noch als miteinander völlig unvereinbar galten, waren für mich persönlich niemals Gegensätze. Grundlage jeder therapeutischen Interaktion war für mich der phänomenologische Ansatz, demzufolge jede therapeutische Veränderung nur auf dem Hintergrund der subjektiven Welt des Patienten und der Patientin möglich ist. Die Realisierung dieses Ansatzes war jedoch meines Erachtens keineswegs nur in der Gesprächspsychotherapie gewährleistet. Bewegte ich mich mit dem Patienten auf dem Boden seines persönlichen Wertsystems, so sah ich überhaupt kein Hindernis darin, verhaltenstherapeutische Methoden anzuwenden. Warum sollte ein Patient sich nicht das, was Lerntheoretiker in mühevoller Arbeit herausgefunden hatten, zu eigen machen? Ich sah keinen Grund, ihm dieses Wissen meiner Profession nicht zugänglich und für sich verwertbar zu machen.

Ausgehend jedoch von eben diesem phänomenologischen oder

auch klientenzentrierten Ansatz habe ich Verhaltenstherapie bei Anorexie immer für eine Fehlindikation gehalten. Die verhaltenstherapeutische Interpretation der Anorexie als Eß- und Gewichtsstörung geht eindeutig an der subjektiven Realität der Patientinnen vorbei. Auch hatte ich die unerschütterliche Überzeugung, daß eine erfahrene Anorexie-Patientin jeden Verhaltenstherapeuten mit seinen ausgeklügelten Plänen jederzeit lahm legen konnte und ich gestehe auch, daß ich Klagen über das Scheitern verhaltenstherapeutischer Programme gerne gelesen habe. Ich teilte Hilde Bruchs Angriffe auf die Verhaltenstherapie in der Sache uneingeschränkt. Ihre theoretischen Begründungen allerdings fand ich wenig überzeugend. Aber leider konnte ich meine Kritik auch nicht fundiert formulieren. Als ich Überlegungen zur Anwendung der klientenzentrierten Psychotherapie bei Anorexie veröffentlichte (Franke 1980, 1981), erntete ich Kopfschütteln bis Belustigung von KollegInnen vor allem aus dem verhaltenstherapeutischen und psychiatrischen Bereich, aber ungewöhnlich viel positive Zustimmung von praktisch arbeitenden KollegInnen.

Mich freuten die positiven Reaktionen natürlich sehr, erfuhr ich doch vor allem, daß bei steigender Publikationsflut über verhaltenstherapeutische Programme die meisten Praktiker *nicht* verhaltenstherapeutisch arbeiteten und die, die es versucht hatten, oft gründlich gescheitert waren.

Ich arbeitete mit den Patientinnen weiter gesprächspsychotherapeutisch – aber ich war mir dessen bewußt, daß Themen wie Grenzziehung, Kontrolle und Lügen eine größere Rolle spielten als in Therapien mit anderen PatientInnen. Ungleich stärker als bei anderen PatientInnen fühlte ich mich auf einer Gratwanderung zwischen Kontrolle und Gewähren. Es war nicht „nur" klientenzentriert, was ich tat.

Mit der Zeit lernte ich es immer besser, die therapeutische Beziehung zu etablieren, ich lernte, das Thema „Essen" weder zu leugnen noch es zum zentralen Thema zu machen, ich lernte auch mit dem Seiltanz zwischen Wahrnehmungsverzerrungen und Lügen umzugehen. Aber es gelang mir lange nicht, ein theoreti-

sches Modell für mein therapeutisches Vorgehen und ein angemessenes ätiologisches Modell der Anorexie zu finden. *Aus heu-*
tiger Sicht glaube ich, daß dies daran lag, daß ich das in der
Anorexie liegende Paradox nicht ausreichend berücksichtigt habe.
Eine solche Berücksichtigung ist im Rahmen der Kommunikationstheorie möglich. Ich werde nun im folgenden Entstehung
und Aufrechterhaltung der Anorexie im Rahmen dieser Theorie
interpretieren. Darauf, welche Konsequenzen sich aus diesem
Modell für die Therapie ergeben, gehe ich in den Kapiteln 10–12
ein.

Vom Unsinn zum Problem

Im Rahmen der Kommunikationstheorie gelten psychische Störungen als gescheiterte Lösungsversuche (Watzlawick, Beavin &
Jackson, 1985; Watzlawick, Weakland & Fisch, 1974). In einer
schwierigen Situation tut eine Person nicht das, was eine konstruktive Änderung dieser Situation herbeiführen würde, sondern etwas anderes, was nicht zur Lösung der Problemlage bei-
trägt, sondern vielmehr eine jetzt noch unübersichtlichere, kom-
pliziertere Lage schafft: eine Gemengelage sozusagen – komplex,
unübersichtlich und nahezu ohne Aussicht, sie zu entheddern. Im
Sinne Wittgensteins wird von einem nicht offenkundigen Unsinn
zu einem offenkundigen übergegangen, und von nun an kann
sich das Problem in Ruhe zurücklehnen. Es ist vor Enttarnung
sicher. Je mehr Lösungen zur Aufhebung des jetzt offenkundigen
Unsinns entwickelt und ausprobiert werden – das Problem wird
davon nicht tangiert. Denn es sitzt „nicht offenkundig" an einer
ganz anderen Stelle als an der aktiven Lösungsfront. Je tätiger
man dort ist, desto sicherer kann sich das Problem sein, daß es
nicht entdeckt und beseitigt wird, kann gleichsam zusehen, wie
die Energie an der falschen Stelle vergeudet wird und wie sich
mit wachsender Frustration der Beteiligten der offenkundige Unsinn zu einer unlösbaren Aufgabe entwickelt. Die ist es dann, die
nach gewisser Zeit als psychisches Symptom erscheint.

Nach Watzlawick, Weakland & Fisch (a. a. O.) können drei Arten von Fehllösungen für menschliche Probleme unterschieden werden:
– das Leugnen von Schwierigkeiten;
– das Lösenwollen unlösbarer bzw. nicht vorhandener Probleme;
– der Versuch von Lösungen auf der falschen Abstraktionsebene.

Ich werde im folgenden zeigen, daß und wo sich bei der Anorexie diese drei Lösungversuche finden lassen – und zwar sowohl bei der Patientin als auch bei ihren Sozialpartnern, insbesondere der Familie, und auch bei den in einem späteren Krankheitsstadium hinzugezogenen TherapeutInnen.

Fehllösungen

Erste Fehllösung: Leugnen. Anorexie entsteht in der Regel in Familien mit hohem Harmoniestreben, geringer Konfliktbereitschaft – in Familien, in denen Probleme nicht aktiv angegangen, sondern so lange wie möglich unter den Teppich gekehrt werden. Gemäß dem Motto: „Was nicht sein darf, das nicht sein kann" werden Abweichungen von der geplanten familiären Ideallinie nicht wahrgenommen, geleugnet. Die Anorexie kann in diesem Milieu als besonders gelungene Leugnung verstanden werden. Sie lenkt ab von den anderen, nicht offenkundigen und nicht offengelegten Problemen. Diese geraten noch tiefer unter den Teppich, sind also noch besser aufgehoben. Und sollten sie doch einmal hervorrutschen, so erscheinen sie angesichts einer ernsten und lebensbedrohenden Erkrankung als zweitrangig. Alles, was vorher trotz ständigen Bemühens um Harmonie doch einmal an familiärer Disharmonie zutage kam, verblaßt angesichts des gefährlichen körperlichen Verfalls.

Ich konnte mir lange Zeit nicht erklären, warum Eltern anorektischer Patientinnen häufig solch apokalyptische Gemälde entwerfen, in denen sie den Zustand und die weitere Entwicklung ihrer Tochter in den pessimistischsten Farben schildern. Inzwischen sehe ich einen wichtigen Grund hierfür ebenfalls in der Strategie des Leugnens. Wenn etwas so Fürchterliches in der Familie vorliegt, wie die Schilderungen der Eltern es erscheinen lassen, so ist es einfach unmoralisch, sich noch um die anderen Probleme – beispielsweise die unterschiedlichen sexuellen Bedürfnisse des Ehepaares – zu kümmern.

Die Lösung Anorexie hilft somit zum einen hervorragend der gesamten Familie, das Gesicht zu wahren und weiter zu leugnen. Darüber hinaus erlaubt sie der Patientin selbst, innerhalb des gelernten Musters von Problemverleugnungen zu verbleiben.

Anorexie-Patientinnen sind nicht Rebellinnen, die offen gegen die herkömmliche Ordnung zu Felde ziehen. Vielmehr verharren sie in den Regeln ihres Systems, und nur zu oft beherrschen gerade sie die Regeln besonders gut. Es gehört zur Definition des Krankheitsbildes, daß Anorexie-Patientinnen keine Krankheitseinsicht haben, Probleme leugnen, ihren ausgemergelten Körper nicht adäquat wahrnehmen, Erbrechen und Laxantienmißbrauch verneinen. Diese Verhaltensweisen lassen sich als gelernte Strategien von Problemverleugnung interpretieren. Von klein auf lernte die Patientin, Probleme nicht wahrzuhaben. „Du sollst nicht merken" hat Alice Miller (1981) die globale Aufforderung genannt, der die Kinder in diesen Familien folgen müssen, wollen sie als Mitglieder des Systems Akzeptanz finden. Und so bringen es manche von ihnen in bezug auf das Leugnen zu wahrlicher Meisterschaft. Mir ist besonders eindrücklich eine 19jährige junge Frau in Erinnerung, mit der ich im Rahmen einer stationären Therapie gearbeitet habe:

Die Patientin ging dreimal pro Tag in den Speisesaal und ließ sich das Essen geben bzw. bediente sich mit normal großen Mahlzeiten am kalten Buffet. Dann trug sie ihr Tablett zu ihrem Eßplatz, holte aus ihrer Handtasche Kalorientabelle, ein Schreibheft und einen Taschenrechner. Fein säuberlich rechnete sie mittels Tabelle und Taschenrechner aus, welche Kalorien sie auf dem Tablett hatte. Diese trug sie dann, in Einzelposten aufgelistet, in ihr Heftchen ein. War dies beendet, trug sie ihr

Tablett zurück. Zu den Gesprächen mit mir kam sie jedesmal strahlend: Es gehe „bergauf", und sie berichtete, was es alles zu essen gegeben habe. Sie war fest überzeugt, gegessen zu haben.

Überlegen wir uns auch, was in einer anorektischen Familie passieren würde, wenn die Patientin nicht leugnen würde. In diesem Fall wäre sie mit einer paradoxen und damit ebenso aussichtslosen Situation konfrontiert, denn sie gäbe in einer Familie, in der es grundsätzlich keine Probleme gibt, zu, daß sie welche sieht beziehungsweise hat. Da, so scheint mir, ist das Verleugnen einfacher und zudem besser geeignet, das familiäre System nicht zu beunruhigen.

Zweite Fehllösung: Utopie. Die zweite Form von Fehllösungen besteht nach Watzlawick, Beavin & Fisch (a. a. O.) darin, unlösbare oder nicht-vorhandene Probleme lösen zu wollen. Der Lösungsversuch gerät in solchen Fällen zur Utopie.

Im Sinne dieser zweiten Art der Fehllösung ist „die Lösung Anorexie" geradezu genial, als mit ihr ein neues, wirklich unlösbares Ziel gesetzt wurde: die Utopie nämlich, daß, wenn sie erst schlank ist, automatisch alle anderen Schwierigkeiten und Lebensprobleme gelöst sind. Eine Utopie mit gleichsam doppeltem Boden: Denn selbst wenn die Wenn-dann-Beziehung aufgehen könnte, wäre die Unlösbarkeit immer noch dadurch garantiert, daß die magersüchtige Frau ja nie den Zeitpunkt erreicht, zu dem sie schlank ist. Schlimmer noch: je dünner sie wird, um so massiver werden in der Regel auch die Wahrnehmungsverzerrungen, um so intensiver der Wunsch, schlank zu sein.

Dritte Fehllösung: Paradoxie. Den dritten Königsweg zur nichtrealisierbaren Lösung stellen die Lösungsversuche auf einer falschen Abstraktionsebene dar. Sie führen zu Paradoxien, und von diesen wimmelt es geradezu im anorektischen System.

Zunächst zum Symptom selbst: Die anorektische Frau lehnt das Essen ab und beschäftigt sich doch mehr damit als die meisten Gourmets. Sie ißt so gut wie nichts, um endlich soviel essen zu können, wie sie möchte. Sie lehnt ihren Körper ab, konzentriert sich jedoch in all ihrem Denken und Handeln auf ihn. Sie möchte die Weiblichkeit ihres Körpers verstecken, lenkt jedoch mehr Aufmerksamkeit auf ihr Gerippe als die Durchschnittsfrau auf ihre normalgewichtige Figur. Sie hat Angst vor dem Mittelmaß, dem Durchschnittlichsein, kann es aber nicht ertragen, aufzufallen. Sie will selbständig und unabhängig sein, verhält sich jedoch so, daß ihre Interaktionspartner sie nahezu zwangsläufig kontrollieren.

Im emotionalen Bereich besteht große Angst vor Nähe bei gleichzeitig großer Angst vor Trennung. Die anorektische Frau kann sich auf Nähe nicht einlassen aus Angst, dann keine Grenzen mehr zu haben. Und geht sie Beziehungen ein, so gestaltet sie diese so eng, daß Trennungen unausweichlich sind. Durch jeden nicht gänzlich oberflächlichen Kontakt stürzt sie in einen inneren Whirlpool, denn jede Annäherung an einen anderen Menschen bringt eine Entfernung von ihr selbst. Die anorektische Frau lebt in einer Welt, in der Nähe/Intimität und Individualität miteinander inkompatibel sind und als Paradox erlebt werden.

Mir scheint dieser von der Patientin erlebte Widerspruch zwischen Intimität und Individualität grundlegend für alle anderen anorektischen Widersprüche. Er ist gleichsam der verrückte Boden, auf dem sich nichts Gerades, Eindeutiges entwickeln kann, sondern der immer nur neue Verbiegungen und Widersprüche hervorbringt. Das, was nach Ausbruch der Krankheit als symptomatisches Verhalten imponiert, ist gelerntes Verhalten im Rahmen eines Lernumfelds, in dem alle das gleiche erleben und empfinden müssen.

Zur Illustrierung eines solchen kommunikativen Lernfeldes möchte ich einen Ausschnitt aus einem Gespräch anführen, das ich mit der Mutter einer 18jährigen magersüchtigen jungen Frau führte:

Frau S.: „Ich merke eben, daß Ulrike dann auch schlechter essen kann. Sie hat mich heute immer wieder inständig gebeten, ich solle doch versuchen, ihren Vater dazu zu bewegen, daß er ihr sagt, sie sei normal und sie sei nicht krank. Ich habe immer wieder gesagt: ‚Jeder andere bestätigte das und ich kann ihr das bestätigen'. Nein, es hat halt nicht gereicht. Ich habe ihn dann in der Firma angerufen und versucht, mit ihm zu sprechen, und er kam zum Garten, wir hatten Kaffee zusammen getrunken, und ich habe ihn gebeten, ein paar Worte darüber zu sprechen. Er sagte dann zu ihr: ‚Du bist ganz normal, so sehe ich das'. Und sie forderte ihn regelrecht heraus und sagte: ‚Ich bin doch krank, ich gehöre doch irgendwo hin, ich bin doch nicht normal, so siehst du das doch auch' und immer wieder, na ja. Und dann sagte er plötzlich: ‚Ja, wenn du das so siehst'. Und ich war so fertig, ich habe immer gedacht: ‚Warum kann er nicht ganz ehrlich sagen, daß sie nicht krank ist'. Sie ist ja wirklich nicht krank."

Th.: „Wann meinen Sie denn wäre Ihr Mann ehrlich?"

Frau S.: „Wenn sie selbst sagt, von sich sagt, sie sei nicht normal, das meint er, sei ehrlich."

Th.: „Sie denken, Ihr Mann geht davon aus, daß Ihre Tochter nicht normal ist?"

Frau S.: „Ja, er geht davon aus, daß meine Tochter gestört ist."

Th.: „Dann war er doch ehrlich?„

Frau S.: „Ja, das ist eben so, daß Ulrike das nicht allein verkraftet. Wenn man ihr Halt gibt und wenn man ihr sagt: ‚Du bist gesund und du bist kräftig und du kannst alles', es ist ganz unwahrscheinlich, wieviel Aufschwung dem Mädchen das gibt und wie sie sich auch selbst finden kann."

(Die Krankheit war vor 4 Jahren diagnostiziert worden, das derzeitige Gewicht war 33 kg bei 165 cm Körpergröße).

Eine der klassischen paradoxen Aufgaben, die konfliktschwache Eltern ihren Kindern stellen, heißt: „Du sollst gerne wollen, was ich will". Es reicht also nicht, daß die Kinder den elterlichen Anordnungen folgen, sondern die Eltern fordern neben dem Gehorchen zusätzlich, daß das Kind es richtig findet, was die Eltern von ihm verlangen.

Diese Botschaft: „Du sollst gerne wollen, was ich will" zieht sich häufig wie ein roter Faden durch das Leben der anorektischen Patientin. Auf ihrem Hintergrund ist es verständlich, warum in der Zeit der Pubertät, also der ersten Phase von Ablösung und Entwicklung eigener Ideen und Vorstellungen der deutlichste Erkrankungsgipfel der Anorexie liegt. Unfähig, sich von den Wünschen der Eltern offen zu distanzieren, löst die Patientin das Problem systemkonform auf einer falschen Abstraktionsebene. Sie tritt den Weg in die Krankheit an. Naturgemäß ist sie dort aber vor diesem Paradox keineswegs sicher. Es tritt ihr jetzt in den elterlichen Bemühungen, sie zum Essen zu bringen, entgegen. Diese folgen in der Regel dem Muster: „Wir wollen sie ja nicht zwingen, aber sie soll endlich einsehen, daß es das Beste ist, mit dem Hungern aufzuhören".

Eine andere paradoxe Botschaft der Eltern besteht in der Aufgabe, erwachsen und damit unabhängig zu werden und gleichzeitig Kind zu bleiben.

Bereits der erste Teil des Satzes stellt ein Paradox für sich dar: Die Aufforderung „Werde unabhängig!" läßt sich ebensowenig realisieren wie das klassische „Sei spontan!". Beide Verhaltensweisen können ihrem Wesen nach nur spontan und unabhängig entstehen und werden durch ihr Gefordertwerden unmöglich.

In Kombination mit der Forderung, Kind zu bleiben, ist der Forderung nach Erwachsenwerden dann gänzlich nicht mehr nachzukommen. In der Normenwelt ihrer Familie ist für die anorektische Patientin die erwachsene Rolle einer Ehefrau vorgesehen, ohne daß sie die der Tochter aufgeben darf. Und natürlich soll sie auch einmal für die Fortführung der Familie in Form von Enkelkindern sorgen. Sie soll Mutter werden, darf jedoch keine wahrnehmbare sexuelle Entwicklung durchleben.

Klessmann & Klessmann schreiben hierzu:

„In dieser beunruhigenden und hoffnungslosen Lage kommen unsere ,Kranken' jedoch zu einer fast genialen Lösung: Die Doppel-Botschaft, sich zu verselbständigen und doch das liebe Kind zu bleiben, vollzieht sich an einem Objekt, das sie jetzt mit eiserner Disziplin kontrollieren: Eben, ihren Körper. Der Körper wird – zumindest durch die Verleugnungsbrille der Anorexie – wieder zum lieben Kind-Körper zurückverwandelt, und dennoch erweist sich die Tochter an dieser Front mit einem bis dahin ungeahnten Eigen-Sinn als autonom und selbständig" (1988, S. 55).

Es liegt nahe, daß das Anwenden von Fehllösungen keineswegs aufhört, wenn sich die Anorexie einmal manifestiert hat. Eher im Gegenteil wird verzweifelt an diesen Strategien festgehalten, zum Teil mangels fehlender Alternativen, zum Teil aber sicher auch, weil ja durch die Anorexie wirklich andere für die Patientin und ihre Umgebung bedrohliche Probleme abgewendet werden konnten. So kommt es durch die Anwendung des Mehr-vom-Gleichen zu einer Intensivierung der Fehllösung Anorexie.

> „‚Immerfort wollte ich, daß ihr mein Hungern bewundert‘, sagte der Hungerkünstler. ‚Wir bewundern es auch‘, sagte der Aufseher entgegenkommend. ‚Ihr solltet es aber nicht bewundern‘, sagte der Hungerkünstler. ‚Nun, dann bewundern wir es also nicht‘, sagte der Aufseher, ‚warum sollen wir es denn nicht bewundern?‘. ‚Weil ich hungern muß, ich kann nicht anders‘, sagte der Hungerkünstler.“

7. Warum der Körper?

„Ich würd also irgendwie, wenn ich mal gesund bin, würd ich doch gerne spaßeshalber mal wissen, wie das bei mir gekommen ist, daß ich mich so auf den Körper konzentriere. Schon als Kind. Absolut unnormal für ein Kind. Ich weiß noch, wann ich den ersten Freßspuck gemacht habe. Das war mit zwölfeinhalb Jahren, nachdem mir eine Freundin gesagt ... da hab ich eine Freundin gefragt – aber fragen Sie mich nicht, wie ich auf die Frage gekommen bin –: ,Sag mal, bin ich zu dick oder zu dünn?'. Damals hab ich 48 kg bei der Größe gewogen. Und da sagte die: ,Nee, du bist mittel, du bist gerade richtig'. Von dem Zeitpunkt an hab ich gehungert."

Eine Störung der Körperwahrnehmung gilt in allen Diagnoseschemata und der Mehrzahl der ätiologischen Modelle als wesentliches Merkmal der Anorexie. Sie wird mit unterschiedlichen Begriffen benannt, etwa als Störung der Körpererfahrung, der Körperorientierung, des Körperbildes, des Körperbewußtseins, des Körperschemas.

Die unterschiedliche Begrifflichkeit macht bereits deutlich, daß eine exakte Definition des Konstrukts bisher aussteht. Die Begriffe werden häufig synonym verwendet, und was im einzelnen als Störung begriffen wird, ist nicht klar. Ebenfalls bleibt im Dunkeln, was eine nichtgestörte Körperwahrnehmung, ein angemessenes Körperschema, eine richtige Körpererfahrung sind.

Operationalisierungen geschehen, wenn überhaupt, im Rahmen der Entwicklung von Meßinstrumenten. Von diesen sind inzwischen eine stattliche Anzahl verfügbar, so etwa: ,Fragebogen zur subjektiven Einstellung gegenüber dem eigenen Körper'

(Strauß & Appelt 1983), ‚Body-Attitude-Test' (van Coppenolle et al. 1984; dt. Probst et al. 1990), ‚Body-Shape-Questionnaire' (Cooper et al. 1987); ‚Body-Image-Assessment BIA' (Williamson et al. 1989), ‚Body-Satisfaction-Scale BSS' (Slade et al. 1990).

Schon allein die Zahl der Instrumente verdeutlicht, daß nicht von einem gemeinsamen Verständnis des Erfaßten ausgegangen werden kann und daß es sich wohl schwerlich um das gleiche handelt, das gemessen wird. Bei aller Heterogenität jedoch ist den Erhebungsinstrumenten zweierlei gemeinsam: sie beschränken sich zum einen weitgehend auf die optische Wahrnehmung und zum zweiten in aller Regel auf einen unbewegten, statischen Körper. Die Fragen beziehen sich im allgemeinen darauf, wie groß, schlank, schön, attraktiv man den eigenen Körper insgesamt oder einzelne seiner Teile bewertet oder auch darum, wie zufrieden man damit ist. Aber es gibt keine Fragen wie:
– Wie riecht mein Körper?
– Wie fühle ich mich an?
– Wie koordiniert erscheint mir mein Körper?
– Wie beweglich ist mein Körper?
– Wie schmeckt meine Haut?
– Wie warm ist mein Körper?
– Wie fühlt sich mein Körper im Raum an?
Ich bezweifle, daß man Körpererleben messen kann, ohne Dimensionen wie Geruch, Geschmack, Bewegung zu berücksichtigen. Doch ich möchte jetzt nicht die Brauchbarkeit der Meßinstrumente diskutieren, sondern das Thema „Anorexie und Körper". Soweit sich die Forschung bisher hiermit beschäftigt hat, tat sie es mit der Fokussierung auf die Körper*störung*. Hierbei lassen sich zwei Schwerpunkte erkennen: Zum einen ging es darum, Art und Ausmaß der Körperstörung festzustellen und diese mit dem Ausmaß der Erkrankung, Prognosefaktoren oder anderen relevanten Variablen in Verbindung zu setzen. Zum zweiten wurde versucht, Zusammenhänge zwischen Körper- und Identitätsstörung festzustellen (vgl. Ryle & Evans 1991). Unruhe in diese empirischen Aktivitäten brachte Hsu, als er 1982 eine

Debatte darüber auslöste, ob es überhaupt eine spezifische Körperwahrnehmungsstörung bei anorektischen Patientinnen gibt. Seine kritische Frage löste jedoch z. T. verstärktes Bemühen aus, Art und Ausmaß der Wahrnehmungsverzerrungen noch exakter zu erfassen, was naturgemäß die Heterogenität der Ergebnisse vergrößert.

Man kann derzeit nicht von einem gesicherten Wissensstand in bezug auf die Störung der Körperwahrnehmung ausgehen (Nieber 1987). Doch so unterschiedlich die Meinungen und auch die Ergebnisse der Forschungsuntersuchungen sind, Einigkeit besteht darin, daß anorektische Frauen sich exzessiv auf ihren Körper konzentrieren.

Da verwundert es, daß bisher die Frage, *warum* dies so ist, in der Literatur kaum eine Rolle spielt. Unabhängig davon, ob Anorexie nun ein Protest gegen das Erwachsen-Werden ist, eine Überidentifikation mit der Frauenrolle oder aber die Ablehnung der mit dieser Rolle verbundenen Anforderungen, ob sie Ausdruck sexueller Identitätsstörung oder Teil einer Familienpathologie ist – die Frage, *warum* sich die jungen Frauen nun gerade zu dick fühlen und dünn werden wollen, ist ungeklärt. Warum hören sie nicht auf, zu schlafen? Warum beginnen sie nicht, sich eine Höhle zu bauen? Warum fangen sie nicht an, Gedichte auf Konservenbodendeckel zu ritzen und Bäume mit den Deckeln zu behängen? Warum tun sie nicht sonst irgend etwas, auf das ich und andere sogenannte Gesunde nicht kommen?

Ich beschäftige mich seit langem mit dieser Frage, und manchmal kommt es mir so vor, als sei ich auf einer gänzlich falschen Fährte. Warum nicht einfach akzeptieren, daß es Menschen gibt, die zutiefst von der Unzulänglichkeit ihres Körpers überzeugt sind und die alle anderen Probleme mit dieser Unzulänglichkeit in Verbindung bringen? Monokausale Erklärungsmodelle erfreuen sich auch unter Professionellen der Psychologie und Psychiatrie großer Beliebtheit – warum nicht akzeptieren, daß auch anorektische Frauen ein solches Modell haben, daß sie, wie Selvini Palazzoli (1974) es ausdrückte, so leben, als liege der Grund für ihr ganzes Mißgeschick in ihrem Körper?

Hilde Bruch, die als eine der ersten (1962, 1973) auf Störungen des Körperbildes bei anorektischen Patientinnen hinwies und sie neben der Konfusion hinsichtlich körperlicher Empfindungen und einem alles umfassenden Gefühl von Unzulänglichkeit für eins von drei wesentlichen und grundlegenden Charakteristika dieser Krankheit hielt, distanzierte sich in ihrem letzten Werk vorsichtig von diesem Standpunkt:

„Nunmehr neige ich dazu, diese Merkmale unter einem allgemeineren Stichwort zusammenzufassen und darzustellen, nämlich als Ausdruck eines defekten Selbstkonzepts, der Angst vor innerer Leere oder Schlechtigkeit, vor etwas, das unter allen Umständen verborgen bleiben muß" (1990, S. 20).

Die Entstehung des defekten Selbstkonzepts erklärt sie mit der Lerngeschichte der anorektischen Patientin, die stets für willfähriges, anpassendes Verhalten verstärkt und auf diese Weise daran gehindert wurde, sich gemäß ihren eigenen Bedürfnissen zu entwickeln. Und sie fährt fort:

„Es scheint, daß die Fassade der Perfektion und die Belobigung für diese Vortäuschung während der Kindheit und häufig sogar bis in die Adoleszenz hinein ein Gefühl von Sicherheit vermitteln. Doch diese Fassade ist nicht stark genug, Ängste und Panikgefühle abzuwehren, sobald die Pubertät und veränderte soziale Rollen und Erwartungen andere Verhaltensweisen und Anpassungsmechanismen erfordern, zu denen solche junge Frauen, weil völlig unvorbereitet, nicht in der Lage sind: in dieser Zeit setzt die zwanghafte Beschäftigung mit dem Körper und seinem Gewicht ein. Der exzessive Ehrgeiz, das grandiose, völlig unrealistische Erwartungsniveau, das die Eltern zum Ausdruck gebracht oder das die Kinder aus dem elterlichen Stolz ihnen gegenüber herausgelesen haben, ist nun verinnerlicht worden und repräsentiert ihre eigenen Ziele" (1990, S. 20/21).

Da ist sie wieder, meine Frage: *Und warum* setzt diese zwanghafte Beschäftigung mit dem Körper und seinem Gewicht ein? Warum führt die tiefe Überzeugung der anorektischen Frau, unzulänglich, schwach, minderwertig zu sein nun dazu, sich auf ihren Körper zu konzentrieren?

Ich komme somit immer wieder auf diese Frage zurück, und vielleicht ist sie ja auch, obwohl bisher nicht untersucht, gar nicht so dumm. Ich möchte darum im folgenden versuchen, einige Denkanstöße zu ihrer Erhellung und einige Antworten zusammenzutragen.

Die Angst vor dem Mittelmaß

Ein Schlüssel zu dem Geheimnis liegt für mich in der eingangs zitierten Äußerung einer Patientin: „... und da sagte die: ‚Nee, du bist mittel, du bist gerade richtig‘. Von dem Zeitpunkt an hab ich gehungert."

Mittel zu sein, normal zu sein, das ist die große Angst der anorektischen Frau. Mittel zu sein bedeutet für sie, so zu sein wie alle und damit nicht mehr zu wissen, worin sie sich von anderen unterscheidet. Wenn sie mittel ist, normal ist, dann hat sie nichts mehr, woran sie sich erkennen kann und damit nichts mehr, woran sie ihre Identität festmachen kann. Sie kann ihre Grenzen nicht ziehen, sie geht sich selbst verloren.

Das so oft beschriebene schwache bis gänzlich fehlende Identitätsgefühl des später anorektischen Mädchens ist nicht Folge der Erkrankung, sondern deren Ausgangsbasis. In der Zeit, in der das Mädchen scheinbar so hervorragend funktioniert und glücklich ist, hat es keine Identität. Es ist nicht Zentrum seiner eigenen Welt, sondern Teil einer Welt, die in der Regel Familie, manchmal auch Mutter, Großmutter, Vater oder eine andere Person heißt. Was fühle *ich?* Was will *ich?* sind Fragen, die es sich nicht stellen darf, tangieren diese doch gleichzeitig die Personen, an die sie gebunden ist. Sie wurde nur rein äußerlich abgenabelt und abgestillt. Wie zu Zeiten, in denen sich das Zwiebelessen der stillenden Mutter in Blähungen beim Säugling äußerte, darf sie umgekehrt heute keine Zwiebeln mögen, wenn die Mutter keine mag: „Wir mögen keine Zwiebeln".

Will sie Eigenständigkeit erlangen, so bedarf dies eines außergewöhnlichen Kraftakts, und daß sie damit beim Körper anfängt, liegt aus folgenden Gründen nahe:

Der Körper gilt – zumindest in der westlichen Kultur – als Ort des Selbst. Er ist Träger der Person, des Privaten und genießt als solcher rechtlichen Schutz. Im moralisch-ethischen Sinne wird er in dieser Funktion für seine Handlungen und Entscheidungen verantwortlich gemacht (vgl. Shontz 1974, 1977). Die psychologische Bedeutung des Körpers besteht darin, das Selbst von der Umgebung abzugrenzen und es vor ängstigenden Übergriffen zu schützen (vgl. Fisher & Cleveland 1968). Der Raum, den eine Person für sich und um sich braucht, ermöglicht ihr nicht nur die physische Existenz, sondern sie braucht den Raum für ihre Privatheit, ihr Selbst.

„Gesundsein heißt, seinen Raum kennen" – diesen Satz habe ich einmal von einem Pantomimen gehört, und er hat sich mir tief eingeprägt. Anorektische Frauen kennen ihren Raum nicht, sie haben nie einen Raum haben dürfen. Ihnen ist nie eigener Raum zugestanden worden, selbst ihr Körper ist ihnen enteignet worden. Liegt es da nicht nahe, bei dem Versuch, etwas Eigenes zu sichern, bei dem Elementarsten, dem Körper, anzufangen? „Wenigstens angesichts der eigenen Gestalt muß der Mensch doch die Wahlfreiheit haben!" – so drückte es eine der ehemaligen anorektischen Frauen in unserer Befragung aus.

Der Körper ist aber nicht nur Ort des Selbst, sondern er ist auch das wichtigste Darstellungsobjekt der eigenen Person und damit ein Stimulus für andere. Er gibt Informationen über Geschlecht, Alter, Rasse und oft auch Gesundheitszustand oder soziale Situation, er determiniert die Attraktivität und damit soziale Kontakte und Erwartungen. Er dient der Identifizierung einer Person nach außen und ist damit natürlich das geeignetste Objekt um zu zeigen, daß man eigen, anders und nicht „mittel" ist.

Sich-wehren gegen Fremdbestimmung

Folgendes Zitat ist aus dem Tagebuch einer anorektischen Patientin, die eine andere Frau beobachtet hatte:

„Ihr Pony erinnert mich an meine Kindheit. Damals pflegte meine Mutter sich an meiner Haarpracht zu profilieren. Das Wunderwerk war einmalig – sie besserte den Schnitt mehrmals aus, so daß letztendlich nichts mehr von meinem Pony übrig war."

So selbstverständlich, wie nicht-anorektische Menschen wissen, daß sie sich selbst gehören, so selbstverständlich ist es für die anorektische Frau, daß sie dafür verantwortlich ist, daß es den anderen in der Familie gut geht. Und dieser Anspruch, diese Aufgabe impliziert natürlich auch den Körper. Der Körper steht im Dienste des Wohlergehens der anderen Familienmitglieder. Sieht die Tochter gut aus, ist sie gesund, so geht es der Mutter (oder auch dem Vater usw.) gut. Die Haarpracht etwa – bei der zitierten Patientin wirklich außergewöhnlich schön: rot, gewellt, kräftig und davon jede Menge – ist nicht nur der Stolz der Mutter, sondern sie wird von der Mutter als „die Haare meiner Tochter" und damit als etwas Eigenes reklamiert.

Nicht selten berichten anorektische Patientinnen auch, daß sie als Kinder nicht krank sein durften. Ihre Mutter habe dies als Beleidigung aufgefaßt gemäß dem Motto: „Alles tut man für dich, und jetzt wirst du auch noch krank." Die Krankheit der Tochter, ob Grippe oder Beinbruch, ist ein Angriff auf das Wohlergehen der Mutter, eine Kränkung. Meinem persönlichen Eindruck zufolge reagieren die Mütter auf diese Kränkungen häufig mit einer eigenen Krankheit, gerne mit etwas sehr Schmerzhaftem (und damit Demonstrativem) wie Migräne oder Gallenkoliken. Aber dies möchte ich sehr vorsichtig als meinen Eindruck wiedergeben, dem jedwede statistische Untermauerung fehlt.

Die Enteignung des Körpers ist Teil des gesamten Prozesses, der der anorektischen Frau keine Autonomie zugesteht. Lange, nachdem sie selbst die Kontrolle hätte übernehmen können, bleiben wesentliche Teile des psychologischen und körperlichen Funktionierens der jungen Frau Subjekt der (zumeist) elterlichen Interessen. Will sich die junge Frau gegen diese umfassende Kontrolle zur Wehr setzen, so ist es vermutlich auch leichter, dies an der körperlichen als an der psychischen Front zu tun. Nicht zu essen ist, zumindest in der Anfangsphase der Erkrankung, ein eher heimlicher Protest. Er kann durchgeführt werden, ohne daß jemand etwas davon merkt und weiß. „Ich protestiere, und keinem soll es auffallen" – vielleicht ist dies die Eingangs-Paradoxie der Anorexie. Sie hat jedenfalls für die Patientin zwei positive Konsequenzen: neben der bereits genannten, daß sie sich nicht offen zu ihrem Protest bekennen muß auch noch die, daß sie endlich einmal etwas tun kann, ohne daß es kommentiert oder ihr hereingeredet wird. Ihren Protest merkt nur sie, die ersten fünf bis sieben Kilo Gewichtsabnahme fallen in der Regel den Eltern nicht auf, auch sind die Eßgewohnheiten zu Beginn der Erkrankung noch nicht so bizarr, als daß sie von den Eltern, die zum Leugnen von Problemen neigen, wahrgenommen werden müßten.

Die Patientin kann also die Erkundung ihres Körpers, ihre Beschäftigung mit ihm und damit mit etwas Eigenem, für längere Zeit recht unbeobachtet durchführen: sie kann sich wiegen, im Spiegel betrachten, ihren Körper fühlen, Oberschenkel und Taille spüren oder prüfen, ob schon Knochen spürbar sind. Unter Umständen sind dies wirklich ihre ersten privaten Erkundungsreisen, von denen niemand etwas weiß, über die sie nichts zu erzählen braucht, die nicht beobachtet und nicht kommentiert und damit eben auch nicht abgewertet werden. So kann sie auf der Ebene des Körpers anfangen, sich zu wehren, wenn sie psychisch dazu noch nicht in der Lage ist. Und ihr zudem, was wahrscheinlich ist, noch gar nicht bewußt ist, daß sie sich wehren will.

Später, wenn die Krankheit manifest ist, erweist sich der Körper um so mehr als idealer Ort, sich Fremdbestimmung zu entziehen. Denn in der Tat ist es weder den Eltern möglich, ihre Tochter zum Essen zu zwingen, noch kann die Mutter für ihre

Tochter essen. (So absurd es klingen mag: aber manche Mutter einer anorektischen Tochter verkraftet letzteres nur schwer. Dies kann sich jedoch unter Umständen sehr positiv auswirken. Ich habe mehrmals erlebt, daß eine Mutter, nachdem sie kapiert hatte, daß sie nicht für ihre Tochter essen konnte, endlich anfing, ihre Tochter loszulassen.)

Der Versuch, Kontrolle zu gewinnen

Marilyn Lawrence schreibt, daß sie ihren ersten Zugang zur inneren Welt anorektischer Frauen gefunden habe, als ihr dämmerte,

„daß diese Frauen körperliche Empfindungen wie Hungern und Frieren nur deshalb ertragen und sogar suchen, damit sie sie überwinden können" (1986, S. 16).

Sie leitet daraus als wesentliches Motiv für die Anorexie ab, daß diese den Frauen eine ansonsten fehlende Kontrollmöglickeit bietet:

„Wenn das Bedürfnis, den Körper zu überwinden und zu beherrschen, so groß war, dann mußte das etwas damit zu tun haben, daß sie sich auf anderen Gebieten zu wenig in der Hand hatten" (a. a. O., S. 16).

Anorexie als Versuch, Kontrolle zu gewinnen, das leuchtet angesichts der Situation, in der die junge Frau typischerweise lebt, ein. Aber wieder die Frage: Warum sucht sie sich als Kontrollobjekt den Körper aus? Warum entwickelt sie nicht zum Beispiel einen Zwang, alle Pullover millimetergenau aufeinander zu stapeln, Türen oder Elektrogeräte zu kontrollieren oder auch Bleistifte der Länge nach zu ordnen?

Lawrence stellt den Aspekt der Kontrolle in Zusammenhang mit dem abendländischen Konzept des Dualismus von Körper und Geist, demzufolge der Geist rein ist, der Körper aber, da mit der Erbsünde behaftet, unrein. Diese Dichotomie bestimme die Sozialisation von Frauen sehr viel mehr als die von Männern, da der weibliche Körper stärker als der männliche als unrein und moralisch gefährlich gelte:

„Seitdem Eva den Adam zur Sünde verleitete, leben Frauen im Schatten ihrer ‚gefährlichen‘ Körper. Wollen sie als moralische Wesen anerkannt werden, müssen sie einen Weg finden, ihr ‚Selbst‘ von ihrem Körper zu trennen" (a. a. O., S. 32).

Und fragend fährt sie fort:

„Läßt sich aus alledem nun schließen, daß eine Magersüchtige möglicherweise den Dualismus zwischen Körper und Geist zu wörtlich genommen hat? Reicht es, die ungeheuren Schuldgefühle, die eine magersüchtige Frau empfindet, wenn sie etwas ißt, damit zu erklären, sie habe einfach Angst, zu dick zu werden, oder geht diese Erklärung nicht weit genug? Stellt das Bedürfnis und der Zwang, die Nahrungsaufnahme zu kontrollieren und einzuschränken, vielleicht eher ein moralisches Streben dar, den Versuch zu beweisen, daß sie moralisch und geistig stark und wertvoll ist?" (a. a. O., S. 32)

Die Folge der konsequenten Trennung zwischen Körper und Geist wäre dann, daß anorektische Mädchen und Frauen meinen, ihrem Selbst etwas Gutes zu tun, wenn sie ihren Körper kasteien. Ein Aspekt, den auch Klessmann & Klessmann sehr eingehend ausführen. Sie interpretieren die Anorexie als narzißtische Störung, bei der vermeintlich negative, böse Anteile der eigenen Person abgespalten werden:

„Das vermeintlich Böse verliert seinen bedrohlichen Charakter zwar nicht, wenn es abgespalten und nach draußen projiziert werden kann, aber es läßt sich besser damit umgehen. Nach ‚draußen‘ lokalisiert – jedenfalls getrennt vom seelischen Kern – wird bei Magersüchtigen auch der Körper, nach dem Motto: Das bin nicht ich, es ist nur der schlechte Leib, der kontrolliert, manipuliert oder gar ‚bestraft‘ werden muß" (1988, S. 74).

Die Abspaltung ist Klessmann und Klessmann zufolge Teil einer Pathologie, die in der fragilen weiblichen Rolle, die wenig an „‚gesunder‘ narzißtischer Zufriedenheit" bieten könne, ihren Ausgang hat:

„Die Anlehnung an die ‚Maria-Rolle‘ verspricht keine besondere gesellschaftliche Reputation mehr. Eine Annäherung an die ‚Eva-Rolle‘ hingegen kann bei der Angst vor Nähe und Abgrenzungsproblemen nur konsequenten Rückzug ... auslösen" (a. a. O., S. 80).

Zwischen Körper und Selbst zu trennen und doch immer wieder erfahren zu müssen, daß das nicht geht – dieses Dilemma hat ungeheuer prägnant die bereits in Kapitel 3 zitierte Patientin formuliert:

„Der Körper um mich und ich, das ist keine glückliche Verbindung. Wir sind verheiratet worden, ohne daß wir vorher gefragt wurden. Nun müssen wir ,in guten und in schlechten Zeiten' miteinander auskommen."

Eine sehr einleuchtende Antwort auf die Frage „Warum der Körper?" gibt Susie Orbach (1978). Sie betrachtet die Anorexie als Möglichkeit, die ängstigenden Veränderungen während der Pubertät unter Kontrolle zu bringen. Die Mädchen fühlten sich überrumpelt. Sie erlebten die Pubertät als Zeit der Unsicherheit über alles, insbesondere ihre Gefühle und körperlichen Veränderungen. In dieser Zeit nun, in der alles schwimme und schwanke, sei anorektisches Verhalten eine Möglichkeit, die Situation wieder unter Kontrolle zu bringen:

„Durch die Überwindung ihrer Hungergefühle gewannen sie, im Kampf mit ihrem, sich offensichtlich unabhängig von ihnen entwickelnden Körper, an Boden. Sie waren dabei, ihre Körperformen und ihre physischen Bedürfnisse in den Griff zu bekommen. Ihre Stärke bestand darin, daß sie ihren Hunger nicht mehr zu beachten brauchten" (1978, S. 138).

Aber so plausibel diese Erklärung ist – auch sie trifft nur auf einen Teil der Patientinnen zu und erklärt nicht das gesamte Phänomen. Wie so oft bei der Anorexie kann auch alles ganz anders sein, wie Annette Schlipper (1992) in ihrem Selbstbericht zeigt. Während die bisher vorgestellten Erklärungsansätze den Körper als Objekt ansehen, an dem die ansonsten fehlende Kontrolle stellvertretend ausgeübt wird, dreht Annette Schlipper diese Relation geradewegs um. Sie beschreibt, wie sie auf ihrer Suche danach, was sie anderes, Besseres hat als andere, wo sie nicht Mittelmaß ist, ihren Willen findet – und den Körper als seine Ausstellungsfläche:

„45 Kilo bringe ich nun auf die Waage. Einen Teil meines Selbstbewußtseins habe ich wiedergefunden. Ich habe jetzt endlich etwas gefunden, auf das ich mich stützen kann. Wenn ich auch sonst nicht viel tauge, wenn ich im Unterricht stumm wie ein Fisch herum sitze, wenn ich mich bei den anderen Jungen und Mädchen in der Schule auch nicht gerade großer Beliebtheit erfreuen kann, wenn ich auch nicht gerade eine Schönheit bin, wenn ich auch sonst über keine überdurchschnittliche Begabung verfüge – so habe ich nun endlich einen Beweis dafür, daß ich meinen Altersgenossen – und vielleicht auch noch anderen Menschen – *in einer Beziehung* doch überlegen bin.

Ich habe *einen Willen,* einen unbeugsamen Willen und die Kraft, menschliche Gelüste zu bezwingen, zu kontrollieren. Dieses Wissen schafft mir die langersehnte Zufriedenheit und natürlich auch Selbstvertrauen. Doch was nützt es, wenn ich mit diesem Wissen allein dastehe? Ich kann doch nicht herumlaufen und allen Leuten, die ich treffe, entgegen brüllen: ‚Hey, Leute, hört einmal her, was für eine phantastische Willensstärke ich besitze!‘ – abgesehen davon, daß ich dergleichen sowieso niemals zu tun gewagt hätte.

Glücklicherweise gibt es neben dem Geist ja auch noch einen Körper. Der Körper ist das Medium, durch das ich andere Menschen davon in Kenntnis setzen kann, wie stark mein Wille ist“ (1992, S. 42/43).

Zwar folgt die Enttäuschung auf dem Fuße, weil die Umgebung nur den Körper sieht, nicht jedoch die dahinterstehende Leistung des Willens, weil somit die Botschaft nicht verstanden wird. Aber um sich immer wieder zu beweisen, wie stark ihr Wille ist, wird sie immer dünner.

Sich der Verantwortung entziehen

Das Kennzeichen der Anorexie ist die Paradoxie – was Wunder, daß auch der Körper Teil dieser Paradoxie ist. Einerseits kontrolliert die Patientin ihren Körper – andererseits: was kann sie dazu, daß sie so dünn wird? In ihrer Welt der Trennung zwischen Körper und Selbst ist ja nicht sie es, die abmagert, sondern ihr Körper. Und sofern sie darüber hinaus ihren Körper als nicht eigen, sondern als angenabelt, angebunden erlebt, trägt sie ebenfalls nicht die Verantwortung. Das Paradox heißt: „Ich hab alles im Griff und kann nichts dafür.“

Die Patientin gibt die Verantwortung für ihren Körper ab. Äußerlich paßt sie sich weiter an, ein expliziter Protest gegen die externen Erwartungen ist ihr undenkbar und unmöglich. So geht sie weiter mit der Familie zur Kirche oder zu Parteiveranstaltungen, fährt weiter mit zu Familienfeiern, lernt weiter fleißig in der Schule. Sie macht alles mit, erfüllt alle Regeln – doch ihr Körper äußert den Protest unmißverständlich. Denn die Familie kann noch so harmonisch daher kommen, alle mit fröhlichem Gesicht und schön angezogen – das wandelnde Gerippe signalisiert auch in Sonntagskleidern (meistens mit warmer Jacke darüber, die den Gesamteindruck dann leider oft zusätzlich stört): hier stimmt was nicht.

Sozialen Anforderungen entsprechen

Es ist eine gängige Interpretation, die Konzentration auf den schlanken Körper mit dem allgemeinen Schlankheitsideal in Verbindung zu bringen. Schlankheit ist zu einem Wert an sich geworden und zudem zu einem äußeren Merkmal, an dem man zeigen kann, daß man sein Leben im Griff hat, daß man zufrieden ist, daß die Angelegenheiten gut geregelt sind. Es ist daher sicher nicht von der Hand zu weisen, daß junge Mädchen und Frauen, die sich unsicher und wertlos fühlen, der Idee verfallen, ihr Wert könne sich erhöhen, wenn sie nur erst schlank seien (vgl. Garner & Bemis 1985). Auch einige der in Kapitel 3 zitierten Frauen gaben ja an, aus diesem Grund mit dem Hungern begonnen zu haben. Ich denke jedoch, daß die soziale Motivation auf keinen Fall ausreicht, die Qualen der Anorexie auszuhalten. Sie mag den Beginn der Krankheit markieren, ihr eigentlicher Motor ist sie nicht. Mädchen und Frauen, die anorektisch werden, wollen ja nicht 42, 40, 36 oder weniger Kilo wiegen, wenn sie zu hungern anfangen. Was sie typischerweise wollen, ist zwei bis drei Kilo abzunehmen, weil sie hoffen, damit etwas anderes zu erreichen. Etwa, daß die Jungen sie mehr beachten, daß sie im Sport eine Eins bekommen oder daß sie dünner werden als ihre Schwester.

Die Tragik ist, daß sie das, was sie erreichen wollen, auf dem Wege des Dünnerwerdens nicht bekommen. Wie niedrig ihr Gewicht auch werden mag, es gibt ihnen nicht Achtung, Respekt und Identität. So mag das Auftreten der Anorexie durch den Schlankheitskult in der Gesellschaft begünstigt worden sein, ihr wesentlicher Grund ist er sicher nicht.

Den eigenen Raum suchen

Ich möchte noch einmal zurückkommen auf den Satz: „Gesundsein heißt, seinen Raum kennen."

Die anorektische Frau kennt ihren Raum nicht. Sie durfte ihn niemals erkunden, ihn und sich in ihm niemals ausprobieren. Eine Orientierung im Raum war möglich, solange sie sich eng an die Richtlinien und Regeln hielt, die ihr vorgeschrieben waren. Doch wenn sie erkennt, daß der Raum der Familie nicht der einzige ist, daß sie einen eigenen Raum hat, den es auszufüllen gilt, ist sie verloren. (Dies ist auch ein möglicher Grund dafür, daß die Anorexie bevorzugt in Umbruchsituationen auftritt: in der Pubertät, bei einem Auslandsaufenthalt, zu Beginn der Lehre oder des Studiums). In diesem großen Raum, den sie nicht auszufüllen vermag, setzt sie sich wie ein scheues Tier ganz klein in die Ecke und macht sich immer kleiner. Sie muß sich ganz eng machen, weil ihr der große Raum Angst macht. Sie muß sich selbst ganz festhalten, sich ganz auf das Wesentliche konzentrieren, sich selbst spüren. Sie hat aber auch die Sprache ihres Körpers nicht gelernt. Sie weiß nicht, wann sie friert, wann sie sich wohlfühlt und wann oder warum sie plötzlich traurig ist, warum sie mal mit Leuten zusammensein kann und ihr ein anderes Mal alle Menschen auf den Geist gehen. In dieser Situation der völligen Orientierungslosigkeit sind ihr die Knochen die einzigen Wegweiser: solange sie die spürt, ist alles gut, weiß sie zumindest, daß sie nicht zu dick ist, daß sie in ihrem Körper zu Hause ist.

Man muß sich deutlich machen, daß – wie verworren die

Situation auch sein mag – die junge Frau doch einen Weg eingeschlagen hat, auf dem es kein Zurück gibt. Nur rein theoretisch
hätte sie die Möglichkeit, sich wieder in den Raum der Familie zu
begeben, sich gänzlich anzupassen. Aber dies ist eine Lösung, die
der anorektischen Frau nicht offensteht. Rückkehr bedeutet für
sie die Akzeptanz eines Lebens, das sie nicht will. Das ist das
einzige, was sie sicher weiß. Sie muß daher irgendwie weitermachen, ohne wirklich zu wissen, wohin sie will. Und so bedeutet
Weitermachen zunächst nur, den eigenen Raum zu verteidigen.
Hierzu fühlt sie sich nur in der Lage, wenn sie sich auf den
kleinstmöglichen Raum zurückzieht. Sie hat die Erfahrung gemacht, daß ihr alles enteignet wird, daß ihr in alles hineingeredet
wird, daß ihr nichts gehört. In der Absicht nun, etwas für sich zu
reklamieren und es zu verteidigen, macht sie sich noch kleiner,
noch enger. Sie muß alles fest im Griff haben können, damit ihr
nichts weggenommen werden kann.

In diesem Zusammenhang macht auch das Symptom der
Hyperaktivität einen Sinn. Zwar ist die Hyperaktivität zum Teil
bedingt dadurch, daß die Patientinnen möglichst viel Kalorien
verbrauchen wollen, aber sich permanent zu bewegen ist auch
eine Methode, den Körper zu spüren. Das Bewegungsvermögen
spielt eine wichtige Rolle bei der Bestimmung der Grenzen des
eigenen Selbst und der Differenzierung zwischen Selbst und Außenwelt. Die Hyperaktivität kann somit auch als Versuch interpretiert werden, Kontakt mit dem Raum aufzunehmen und sich
im Raum zu spüren.

Soweit meine Überlegungen und Gedanken zur Frage, warum
anorektische Frauen sich so sehr auf ihren Körper konzentrieren.
Vieles von dem wird sicherlich nicht für alle Frauen zutreffen,
und andere mögen aus ganz anderen Gründen zu diesem Verhalten gekommen sein. Eins aber gilt für alle: der Körper, der
magere Körper, ist das einzige, was ihnen eine gewisse Sicherheit
gibt. Sie schwanken hin und her zwischen verschiedenartigsten
Wünschen, Bedürfnissen, Anforderungen, Interessen, sie fühlen
sich minderwertig und all den Aufgaben, die an sie gestellt wer-

den, nicht gewachsen. Der einzige Trost, den sie haben, ist, dünn zu sein, Knochen zu spüren, Hunger auszuhalten. Dieses letzte darf ihnen nicht genommen werden, sie dürfen nicht gezwungen werden! Denn Zwangsmaßnahmen brechen anorektischen Patientinnen das letzte, was sie haben: die Knochen und damit das Rückgrat.

Teil II

Wege aus dem Käfig

Kampf der Therapieschulen
(Original-Zeichnung: Franziska Becker, Text: Alexa Franke)

8. Wirkfaktoren aus der Sicht therapeutischer Schulen

Langzeitkatamnesen gestatten uns heute die Aussage, daß von den behandelten anorektischen Patientinnen mindestens 40–50% geheilt werden und weitere 30 % sich beträchtlich verbessern (vgl. Garfinkel & Garner 1982; Remschmidt, Wienand & Wewetzer 1990; Tolstrup et al. 1985).

Ich möchte dies als das solideste Ergebnis der Therapieforschung bezeichnen. Was aber kann dieses Ergebnis für die therapeutische Tätigkeit vermitteln außer der Zuversicht, daß das eigene therapeutische Bemühen potentiell von Erfolg gekrönt sein kann?

Die große Zahl von Untersuchungen und Publikationen zum Thema „Behandlung der Anorexie" läßt den Eindruck entstehen, es handle sich hier um ein vielfältig und intensiv bearbeitetes Forschungsfeld. Doch dieser Eindruck täuscht. De facto beschränkt sich die Therapieforschung im Bereich der Anorexie weitgehend auf eine reine Outcome-Forschung; d. h. es wird überprüft, *ob* ein bestimmtes Treatment zu positiven Veränderungen führt. In der Regel werden dabei verschiedene definierte Krankheitskriterien zu verschiedenen Meßzeitpunkten – zumeist prä, post, follow-up – miteinander verglichen, und die Ergebnisse solcher Studien aus je einzelnen therapeutischen Richtungen erlauben inzwischen die oben erwähnte globale Aussage über die Genesungsraten.

Eine Vergleichsstudie zur unterschiedlichen Effektivität verschiedener therapeutischer Verfahren oder gar zur differentiellen Effektivität bei spezifischen Indikationsstellungen ist bisher nicht durchgeführt worden. Dies liegt wohl zum einen an der Art der

Störung, die mit dem ständig drohenden letalen Ausgang die Experimentierfreude der TherapeutInnen verständlicherweise einschränkt. Zum anderen aber auch an den grundsätzlich unterschiedlichen Annahmen der verschiedenen Therapieschulen über Genese, Verlauf und Behandlung der Störung. Es scheint TherapeutInnen bei der Anorexie (noch) schwerer als bei anderen Störungen zu fallen, der eigenen Wahl nicht entsprechende Ansätze zu dulden und Untersuchungen zur Überprüfung der differentiellen Wirksamkeit verschiedener therapeutischer Methoden durchzuführen. Klessmann & Klessmann (1988) deuten dies dahingehend, daß der anorektische Drang, stets die Beste sein zu wollen, hier ungefiltert auf die TherapeutInnen übergegangen sein könnte.

Retrospektive Vergleiche der Ergebnisse unterschiedlicher Studien scheitern naturgemäß ebenfalls an der Diversität der verwendeten und überprüften Therapiebegleit- und -erfolgskriterien. Sie müssen auf sehr globale Kriterien zurückgreifen (vgl. Kap. 15) und sind dementsprechend in ihrer Aussagekraft begrenzt.

Sind schon Fragen der differentiellen Outcome-Forschung noch unbeantwortet, so gilt dies natürlich erst recht für Fragen nach den spezifischen Wirkfaktoren von Therapie. Anders ausgedrückt: Die Frage, *wie* Therapie bei anorektischen Patientinnen wirkt, war bisher kein Thema empirischer Therapieforschung.

Statt dessen gibt es auch hier eine heftig bis bisweilen polemisch geführte Debatte, in der die Königswege der einen die Holzwege der anderen Seite sind (vgl. etwa die Angriffe von Hilde Bruch (1974, 1975) und Sheila McLeod (1983) auf die Verhaltenstherapie oder die Attacke von Pertschuk (1977) auf Minuchin und Mitarbeiter). Die Aussichtslosigkeit dieser Debatte ist garantiert, da die einzelnen therapeutischen Richtungen die von ihnen angenommenen Wirkfaktoren selten benannt und noch seltener begründet haben.

In einer solchen Situation scheint es sinnvoll, sich zunächst einen Überblick über die in der Literatur genannten Wirkfaktoren zu verschaffen. Ich mache dies im folgenden auf der Grundlage einer Zusammenfassung der vielen therapeutischen Ansätze in größere Gruppen, wobei mir beim derzeitigen Forschungsstand die folgende Einteilung plausibel erscheint:

- Organmedizinische Behandlung
- Psychoanalyse
- Ansatz nach Hilde Bruch
- Verhaltenstherapie
- Klientenzentrierte Psychotherapie
- Familientherapie
- Feministische Therapien
- Gruppentherapeutische Verfahren.

Im folgenden werde ich die Variablen, die in der Literatur als relevant für einen erfolgreichen therapeutischen Prozeß erwähnt werden, überblicksartig vorstellen. Dabei ist zu berücksichtigen, daß keineswegs alle Wirkvariablen auch in der Literatur explizit als solche genannt werden; die hier ausformulierten Variablen sind zum Teil aus den Beschreibungen des therapeutischen Vorgehens erschlossen. Ausdrücklich erwähnen möchte ich auch, daß die Aufstellung keineswegs den Anspruch auf Vollständigkeit erhebt.

Organmedizinische Behandlung

Im stationären Bereich gilt zunächst einmal Bettruhe als therapeutisches Agens.

Im ambulanten und stationären Bereich werden Medikamente der verschiedensten Gruppen als hilfreich betrachtet. Im wesentlichen handelt es sich dabei um Tranquilizer, Neuroleptika, Antidepressiva, Insulin und Hormone, und zwar mit folgenden Indikationen:

- Tranquilizer werden zur Sedierung und Reduktion der Hyperaktivität eingesetzt.
- Bei den Neuroleptika sind zunächst Chlorpromazin-Präparate zur Reduktion der Angst vor Essen und Gewichtszunahme

relevant, außerdem zur Sedierung. Als Nebeneffekt wird die Appetitzunahme erwähnt. Zum Teil wird auch die durch die Medikation ausgelöste Willenlosigkeit und Apathie als hilfreiche Variable für den Heilprozeß bezeichnet.

Die ebenfalls zur Gruppe der Neuroleptika gehörenden Dopamin-Blocker werden aufgrund der Annahme gegeben, daß für die Anorexie eine Überfunktion des cerebralen dopaninergen Systems wesentlich verantwortlich sei. Die Hauptwirkungen sieht man in einer schnellen Gewichtszunahme insbesondere zu Beginn der Behandlung und einer Motivationssteigerung für die Therapie.

- Antidepressiva werden bei Interpretation der Anorexie als affektiver Störung verordnet.
- Insulin wird gegen „Appetitmangel" eingesetzt.
- Bei den Hormonen spielt insbesondere Gestagen eine Rolle mit dem Ziel des Wiedereinsetzens der Menstruation. Weiter eingesetzt werden u. a. Hormon-Präparate der Gruppen ACTH, TRH, Thyroxin, auch Testosteron mit Zielvorgaben wie Appetitstimulierung und Brechreizminderung.

Als weitere somatische Wirkvariable wird die Auffütterung oder auch Wiederauffütterung genannt. Auch hier gibt es verschiedene Methoden:

- Als erstes ist in der Regel eine hochkalorische Diät zu nennen, oft bei Kalorienmengen bis zu 5000 Kilokalorien pro Tag.
- Zum zweiten werden flüssige Diäten angeboten. Diese sollen die Abneigung gegenüber der Nahrung „umgehen", auch seien sie geeigneter, die Kontrolle der Patientinnen über die Eßmenge auszuschalten. In der Regel handelt es sich ebenfalls um hochkalorische Nahrung, sogenannte Astronautennahrung.
- Eine weitere Methode der Auffütterung ist die Sondenernährung via Nasen-Magen-Schlauch, und schließlich findet auch intravenöse oder parenterale Ernährung statt.

Medizinisch ebenfalls eingesetzt wurden vereinzelt psychochirurgische Verfahren und – häufiger – Elektroschocktherapie. Die

Wirkung der letzteren wird über die Ausschüttung von subkortikalem Noradrenalin und Dopamin erklärt.

Literatur

P. E. Garfinkel & D. M. Garner (Eds.) (1986). Drug Therapies for Eating Disorders. New York: Brunner/Mazel.

Psychoanalyse

Gemäß der Interpretation der Anorexie als Regression auf eine frühkindliche Entwicklungsstufe, ausgelöst durch eine Pubertätskrise, wird in der psychoanalytischen Literatur insbesondere die Aufarbeitung der frühen Konflikte als wirksam angesehen. Eine spezifische Methode zur Behandlung von Patientinnen mit Anorexie gibt es nicht, die Behandlung geschieht vielmehr im üblichen psychoanalytischen Setting.

Als therapeutische Wirkvariablen werden gesehen:
– die Möglichkeit zur freien Assoziation;
– die Aufarbeitung frühkindlicher Konflikte;
– die Aufarbeitung sexueller Probleme, insbesondere auch die sexuelle Deutung der Eßprobleme;
– die Übertragung in der therapeutischen Beziehung;
– die Deutung von Träumen und sonstigem unbewußten Material;
– das Durcharbeiten von Widerständen;
– eine finanzielle Beteiligung an den Kosten der Behandlung.

Literatur

H. Thomä (1961). Anorexia nervosa – Geschichte, Klinik und Theorien der Pubertätsmagersucht. Bern: Huber.

Ansatz nach Hilde Bruch

Hilde Bruch interpretiert die Anorexie vor allem als Ausdruck einer tiefen Unsicherheit über die eigene Person, als Kampf um Identität und Kontrolle. Dementsprechend sieht sie die Ziele von Therapie im Abbau von Selbstzweifeln und der Angst vor Kontrollverlust einerseits und dem Aufbau von Selbstvertrauen, Autonomie, Entscheidungsfreude und der Fähigkeit, enge Beziehungen einzugehen, andererseits.

Als wichtigste Variable nennt Bruch eine therapeutische Atmosphäre, in der die Patientin den Mut hat, sich und ihre Bedürfnisse zu hinterfragen und auszutesten. Es gilt, die eigene Person und die eigenen Wünsche, Ziele, Ansprüche, Abneigungen, Vorlieben, die „Reichtümer und inneren Kräfte zum Denken, Urteilen und Fühlen" zu entdecken (1991, S. 319). Die Therapie solle sich nicht mit innerpsychischen Konflikten und gestörtem Eßverhalten befassen, sondern „das zugrundeliegende Gefühl von Unfähigkeit, das mangelnde Verstehen, die Verzerrungen, die Isolation und die Unzufriedenheit... verändern" (1991, S. 314).

Die Patientin muß sich als aktiv am therapeutischen Prozeß Beteiligte erfahren. Aus diesem Grunde sollen TherapeutInnen nicht interpretieren und deuten, sondern der Patientin die Möglichkeit geben, ihre eigenen Entdeckungen zu machen. Interpretationen lehnt Bruch zudem ab, weil sich durch sie zu leicht die der Patientin so bekannte Situation widerspiegeln kann, daß ihr eine andere Person sagt, was sie denkt und fühlt.

Nach Bruch ist die Anorexie bereits sehr früh angelegt. Die heute magersüchtige junge Frau hat sich von Kind an nie autonom entwickeln können. In der Therapie ist es daher wichtig, frühe „Verbiegungen" zu erkennen. Kann die Patientin aus heutiger Perspektive nachvollziehen, wie sie als kleines Mädchen bestimmte Ereignisse verarbeitet hat, so wird ihr eine korrigierende Erfahrung möglich. Es geht somit nicht um die Klärung faktischer Gegebenheiten, nicht um die Klärung der Frage, wer damals Recht gehabt hat bzw. „schuldig" war, sondern um die

Möglichkeit, die eigenen früheren Erfahrungen und Reaktionsweisen besser zu verstehen.

Diese Rückschau ermöglicht auch einen Blick auf die „eigentliche" Person. Immer wieder beschwört Bruch die Verzerrungen, die sich in Wahrnehmung und Erleben durch die Anorexie einstellen. Das Aufarbeiten der frühen Erlebnisse soll somit auch eine Auseinandersetzung mit dem Erleben der Patientin ermöglichen, „*bevor* die Hungerkrankheit mit ihren weitreichenden Wirkungen das psychologische Bild überschattete" (1990, S. 71).

Ein weiteres therapeutisches Agens ist nach Bruch die Korrektur der unklaren, unkonkreten und oftmals in bezug auf Bedeutungen verzerrten Sprache der Patientin. Bruch hält den Sprachstil für eine wesentliche Komponente der bizarren Denkmuster und hält daher eine Übersetzung „in eine realistische Sprache" für den Heilungsprozeß für wichtig.

Die Basis für das Wirksamwerden aller therapeutischen Wirkfaktoren sieht Bruch in der therapeutischen Beziehung. An diese stellt sie folgende Anforderungen:
- sie muß akzeptierend sein insofern, als die Patientin als eigenständige Person akzeptiert wird;
- sie muß korrigierend sein in bezug auf Wahrnehmungsverzerrungen;
- sie muß Pseudo-Machtverhältnisse vermeiden; TherapeutInnen dürfen sich nicht einschüchtern lassen und damit die „Macht" der Krankheit unterstützen.

Literatur

H. Bruch (1991). Eßstörungen. Zur Psychologie und Therapie von Übergewicht und Magersucht. Frankfurt: Fischer (deutsche, gekürzte Ausgabe von: Eating disorders; Obesity, Anorexia nervosa, and the person within. New York: Basic Books, 1973).
H. Bruch (1990). Das verhungerte Selbst. Gespräche mit Magersüchtigen. Frankfurt/M.: Fischer.

Verhaltenstherapie

In der Verhaltenstherapie gilt Anorexie vorwiegend als Störung des Eß- und Gewichtsverhaltens.

Die wesentlichen therapeutischen Wirkvariablen werden in Veränderungen der das Verhalten steuernden Kontingenzen gesehen, wobei an allen Gliedern der Verhaltenskette, also sowohl der auslösenden Situation (S), der Reaktion (R) und den Konsequenzen (C) therapeutisch angesetzt wird.

Situationsveränderungen umfassen alle Eingriffe in Situationen, in denen die Patientin vor der Therapie gegessen bzw. nicht gegessen hat. Patientinnen müssen lernen, nur noch im Sitzen zu essen, nur an einem bestimmten Set, nur von einem normal großen Teller usw. Im stationären Bereich werden für Patientinnen in der Regel sehr karge Lebenssituationen geschaffen, in denen sie sich jede Vergünstigung wie Briefe schreiben, Besuch bekommen, Radio hören oder spazieren gehen durch Essen erwerben müssen.

Hinsichtlich der Reaktion wird zum einen das Eßverhalten selbst verändert. Hier handelt es sich in der Regel um Shaping-Prozeduren zum Aufbau eines angemessenen Eßverhaltens ohne Herumstochern, langes Kauen, Ausspucken und, in der Regel damit gekoppelt, Verstärkungen für angemessenes Eßverhalten. Zum zweiten werden Maßnahmen zur Reduktion von Angst vor Essen und/oder Gewichtszunahme durchgeführt. In der Regel kommen hier Desensibilisierungen zur Anwendung.

Den entscheidendsten Wirkfaktor sieht man in der Verhaltenstherapie jedoch in einer Manipulation der dem Eß- und Gewichtsverhalten folgenden Konsequenzen. Methoden, die hier eingesetzt werden, sind:

– Verstärkungen für das Einhalten einer bestimmten Eßmenge;
– Verstärkung für Gewichtsanstieg;
– Regelmäßiges Wiegen; diesem liegt die Annahme zugrunde, die Kontrolle habe einen Verstärkungswert;
– verbale Verstärkung durch Lob;
– Token-Economy;

- Bestrafung;
- Deprivierung.

Neuere verhaltenstherapeutische Programme haben sehr viele Elemente aus anderen therapeutischen Richtungen übernommen (vgl. Franke 1991). In bezug auf die heutige therapeutische Praxis ist das Methodenspektrum von VerhaltenstherapeutInnen somit größer, als es in den hier genannten Wirkvariablen zum Ausdruck kommt. Bezieht man sich jedoch auf die originär verhaltenstherapeutischen Methoden, so dürfte obige Aufzählung ziemlich erschöpfend sein.

Literatur

A. Franke (1991). Verhaltenstherapie bei Anorexia nervosa. Verhaltenstherapie und psychosoziale Praxis 23 (1), 5–18.

K. A. Halmi (1985). Behavioral Management for Anorexia nervosa. In: D. M. Garner & P. E. Garfinkel (Eds.). Handbook of Psychotherapy for Anorexia nervosa and Bulimia. New York: Guilford, 147–159.

D. Hatsukami (1985). Behavioral treatment of anorexia nervosa and bulimia. In: J. E. Mitchell (Ed.). Anorexia Nervosa and Bulimia: Diagnosis and Treatment. Minneapolis: University of Minnesota Press, 105–113.

Klientenzentrierte Psychotherapie

Klientenzentrierte Psychotherapie kennt kein störungsspezifisches ätiologisches Krankheitsmodell, dementsprechend auch keine störungsspezifischen Interventionen. Wesentliches therapeutisches Agens ist der klientenzentrierten Therapie zufolge das Entstehen einer therapeutischen Beziehung, in der die Patientin ihre alten Denk- und Erlebensmuster in Frage stellen und neue kennenlernen und erproben kann.

Eine solche therapeutische Beziehung kann hergestellt werden, wenn die Therapeutin unter anderem folgende Variablen realisiert:

– sie akzeptiert die Patientin so wie sie ist und wertet nicht;
– sie bringt ihr Wärme entgegen;
– sie ist in der therapeutischen Beziehung echt.

Auf der Verhaltensebene bedeutet dies genaues Zuhören, aktives Nachfragen und Suchen nach dem, was die Patientin mit ihren Worten an Erlebnismäßigem mitteilt. Therapeutin und Patientin geraten so in einen Prozeß, in dem sie gemeinsam nach der Bedeutung suchen, die das Erlebte und Erzählte für die Patientin hat und in der sie Möglichkeiten zu Veränderungen auf der Erlebens- und Verhaltensebene prüfen. Der konkrete Gesprächsinhalt wird nicht von der Therapeutin vorgegeben, sondern von der Patientin eingebracht. Es werden in der Regel keine Hausaufgaben gestellt, auch findet keine Kontrolle des realen Verhaltens statt.

Literatur

A. Franke (1981). Zur Anwendung klienten-zentrierter Psychotherapie bei Anorexia nervosa. In: R. Meermann (Hg.). Anorexia nervosa. Stuttgart: Enke, 150–157.

Familientherapie

Es ist grob vereinfachend, die auf verschiedenen theoretischen Hintergründen entstandenen familientherapeutischen Verfahren zu einer Gruppe zusammenzufassen. In bezug auf die hier erfolgte Klassifikation scheint diese Vereinfachung jedoch insofern gerechtfertigt, als alle familientherapeutischen Verfahren – anders als die übrigen Methoden – Anorexie als Ausdruck eines dysfunktionalen Familiensystems betrachten, nicht als individuelle Erkrankung. Die Erkrankte ist familientherapeutischer Interpretation zufolge gleichsam Katalysator einer familiären Konfliktstruktur, sie ist – je nach Terminologie – Indexpatientin, Symptomträgerin oder identifizierte Patientin.

„Umdeutung" der als individuell gesehenen Erkrankung zum Symptom, also zum Zeichen für eine intrafamiliäre Problematik, wird daher als ein wesentlicher therapeutischer Wirkfaktor betrachtet.

Als weitere Wirkvariablen werden genannt:

– Die Familie erfährt den Ernst der Erkrankung.

– Die Krankheit läßt sich nicht mehr als Spinnerei einer einzelnen definieren, die aus unerklärlichen Gründen starrköpfig geworden ist, sondern allen wird die Gefahr bewußt.

– Die Anorexie wird als ein gemeinsames Problem der gesamten Familie definiert; dadurch wird größere Veränderungsmotivation bei allen Beteiligten und mehr Bereitschaft, sich für eine Veränderung anzustrengen, geweckt.

Einen wesentlichen Faktor sehen alle familientherapeutischen Ansätze darin, das in der Regel durch Schuldzuweisungen gekennzeichnete familiäre System zu entlasten. Schuldzuweisungen werden als ineffizient für Problemlösungen erkannt und verlieren damit ihre Funktion als aufrechterhaltendes Moment im Krankheitsprozeß.

Des weiteren ist FamilientherapeutInnen wichtig, zu einer Etablierung von Grenzen innerhalb der anorektischen Familie beizutragen, da in den in aller Regel diffusen Grenzziehungen innerhalb von Magersucht-Familien ein wesentliches Moment für Entstehung und Aufrechterhaltung der Störung gesehen wird. Das Schaffen von Grenzen zwischen einzelnen Personen und zwischen den Subsystemen (Großeltern/Eltern/Geschwistern) gilt als wesentlich für eine Veränderung.

Für viele Patientinnen wird auch der Auszug aus dem gemeinsamen Haushalt mit den Eltern als therapeutisches Agens betrachtet, dies insbesondere da, wo Grenzziehung innerhalb eines gemeinsamen Haushalts nicht erreicht werden kann.

Literatur

S. Minuchin, B. L. Rosman & L. Baker (1978). Psychosomatic Families: Anorexia nervosa in context. Cambridge: Harvard University Press.
M. Selvini Palazzoli (1982). Magersucht. Stuttgart: Klett Cotta.
G. Weber & H. Stierlin (1989). In Liebe entzweit. Reinbek: Rowohlt.

Feministische Therapien

In ihren theoretischen Überlegungen zur Ätiologie der Erkrankung setzen sich feministische Therapeutinnen intensiv mit den Aspekten von Weiblichkeit und weiblichem Geschlechtsrollenverhalten auseinander, die das Auftreten dieser Erkrankung bei Frauen begünstigen. Eine Reflexion dieser Zusammenhänge halten sie in der Therapie für notwendig, betonen jedoch, daß dies nicht im Sinne einer Aufklärungskampagne geschehen darf, sondern nur auf dem Hintergrund der Erlebniswelt der jeweiligen Patientin.

Grundlage der Therapie ist somit das Sich-Einfühlen in die Welt der Patientin, das Erlernen ihrer Sprache und eine unbedingte Wertschätzung ihrer ganzen Person. Die Verantwortung für das Essen liegt bei der Patientin. Als Ausnahme von dieser Regel gilt jedoch, daß die Patientin während der Therapie rapide abnimmt und deutlich unter das Gewicht zu Therapiebeginn gelangt.

Eine wichtige Wirkvariable für den therapeutischen Prozeß sehen feministische Therapeutinnen in der Geduld. Sie verweisen darauf, daß die Therapie mit magersüchtigen Frauen ein stetes Auf und Ab in bezug auf das Eßverhalten und andere Erlebens- und Verhaltensweisen sei. Eine neue Verhaltensweise zu realisieren, insbesondere mehr zu essen, werde von den magersüchtigen Frauen keineswegs als nur positiv erlebt. Keinesfalls dürfe das Pendeln zwischen „alten" und „neuen" Verhaltensweisen der Patientin als Rückschritt bewertet werden. Es handle sich hier vielmehr um ein Experimentieren, ein Ausprobieren, das positiv bewertet werden solle.

Interpretationen werden von feministischen Therapeutinnen als gefährlich bewertet. Wenn überhaupt, so sollten sie nur sehr vorsichtig angeboten werden, da Erklärungen auf anorektische Frauen, die ja versuchen, ihre Autonomie zu behaupten, leicht einschüchternd und verletzend wirken.

Eine weitere wichtige Variable für einen positiven therapeutischen Prozeß sehen feministische Therapeutinnen darin, daß sich die Therapeutin selbst in ihrem Körper wohl fühlt und daß sie sich mit ihrer eigenen Einstellung gegenüber dem Essen, dem Gewicht, Fettleibigkeit und Magerkeit ausführlich auseinandergesetzt hat. Sie sollte ihre eigenen Kompromisse mit den gängigen Weiblichkeitsnormen erkennen und hinterfragen können. Orbach (1987) hält für wichtig, daß die Therapeutin während der Therapie ein relativ stabiles Gewicht hält.

Das Wohlbefinden mit dem eigenen Körper wird auch als wesentliche Bedingung dafür gesehen, daß die Therapeutin im Sinne eines Modells wirken kann – ein Modell dafür, daß es möglich ist, den eigenen Körper einer Frau zu akzeptieren, gerne in ihm und mit ihm zu leben und auch ein Modell dafür, daß Essen eine positiv bewertete und genußvolle Aktivität sein kann.

Literatur

M. Boskind-Lodahl (1976). Cinderella's stepsisters: a feminist perspective on anorexia nervosa. Signs 2 (2), 342–356.
M. Lawrence (1986). Ich stimme nicht. Identitätskrise und Magersucht. Reinbek: Rowohlt.
S. Orbach (1987). Hungerstreik. Düsseldorf: Econ.

Gruppentherapeutische Verfahren

Die Wirkweise therapeutischer Gruppen wird vor allem darin gesehen, daß Patientinnen lernen können, ihre sozialen Kompetenzen und Beziehungen zu verbessern, Vergleiche mit anderen auszuhalten und dadurch zu einer realistischeren Selbstbewertung zu kommen, Emotionen kennenzulernen und auszudrükken. Des weiteren ermöglichen die Gruppen die Auseinandersetzung mit den Ängsten der Patientinnen vor Kontrollverlust und Grenzziehung und davor, abgelehnt zu werden. Eine hilfreiche Funktion der Gruppe wird zudem darin gesehen, daß die jungen Frauen, die ihre Familie häufig in idealisierter Form sehen, Mut bekommen, Probleme in der Familie zu erkennen, und daß sie beginnen können, Wut, Enttäuschung oder auch Ärger auszudrücken, wenn sie andere von den gleichen Schwierigkeiten sprechen hören.

Während manche Gruppen reine Gesprächsgruppen sind, in denen die Patientinnen selbst die jeweilige Thematik bestimmen, werden in anderen Konzepten Themen, die für die Patientinnen typisch sind, vorgegeben. Solche sind zum Beispiel:

Nähe-Distanz; Umgang mit den eigenen Bedürfnissen; Leistungsorientierung; Agressivität; Ablösung von den Eltern.

Nach sämtlichen Erfahrungen stellen weder mangelnde Krankheitseinsicht noch ein sehr niedriges Gewicht zu Therapiebeginn eine Kontraindikation für die Teilnahme an Gruppen dar. Eher sei das Gegenteil der Fall: gerade die erfahrenen Gruppenmitglieder werden für höchst effektiv gehalten, den noch stark in der Krankheit verstrickten dabei zu helfen, sich auf eine Veränderung einzulassen. Rückmeldung durch eine Mit-Patientin ist anscheinend leichter zu akzeptieren als die von professioneller Seite.

Literatur

A. Hall (1985). Group psychotherapy for anorexia nervosa. In: D. M. Garner & P. E. Garfinkel (Eds.). Handbook of psychotherapy for anorexia nervosa and bulimia. New York: Guilford, 213–239.

R. L. Hendren, D. M. Atkins, C. R. Sumner, J. K. Barber (1987). Model for the group treatment of eating disorders. Int. J. Group Psychother. 37 (4), 589–602.

B. Schmitz, D. Ecker & C. Hofmann (1991). Stationäre Gruppentherapie bei Patientinnen mit Anorexia und Bulimia nervosa. Verhaltenstherapie und psychosoziale Praxis 23 (1), 19–37.

9. Hilfreiche und schädliche Faktoren aus der Sicht ehemals betroffener Frauen

Angesichts dieser Heterogenität von therapeutischen Wirkvariablen fand ich es aufschlußreich zu untersuchen, was Betroffene selbst zu diesem Thema meinen. Katamnestische Untersuchungen, die ehemalige Patientinnen dazu befragen, was ihnen aus ihrer Sicht in der Therapie genützt habe, haben allesamt den Nachteil, institutionsgebunden zu sein und damit nur Patientinnen zu fragen, die das spezifische Treatment dieser Institution kennengelernt haben.

Im Rahmen eines Projekts mit den Diplomandinnen Juliane Arnold und Monika Schmalkowski veröffentlichte ich daher in der größten deutschen Frauenzeitschrift einen Aufruf (s. S. 105), in dem ich Frauen, die an Magersucht gelitten hatten und sich jetzt als geheilt betrachteten, bat, einen Fragebogen anzufordern:

Auf diesen Aufruf meldeten sich innerhalb ca. einer Woche 192 Frauen. 140 Fragebogen kamen zurück, von denen 130 in die Auswertung eingingen. Bei den restlichen hatten wir große Zweifel daran, ob die Frau entweder eine Magersucht gehabt hatte oder aber jetzt gesund war, und sonderten sie deshalb aus.

Der Fragebogen war in drei Teile gegliedert.

Teil 1 erfragte den körperlichen und psychischen Zustand *während* der Anorexie, Teil 3 bezog sich mit vergleichbaren Items auf den *heutigen* körperlichen und psychischen Zustand.

Die Formulierung aller Items der Teile 1 und 3 orientierte sich an den Feighner-Kriterien (Feighner et al. 1972) für die Diagnose der Störung. Außerdem wurden Angaben zu Zeitpunkt und Zeitdauer der Erkrankung erhoben.

Was ist wichtig für die Heilung der Magersucht?

Bochumer Wissenschaftlerinnen suchen ehemalige Magersüchtige, um von ihnen zu erfahren, was ihnen bei der Bewältigung ihrer Krankheit geholfen und was ihnen damals eher geschadet beziehungsweise was sie gehindert hat, wieder gesund zu werden. Angesprochen sind Frauen und Mädchen, die die Krankheit gehabt haben und sich heute von ihr geheilt fühlen. Ob die ehemaligen Magersüchtigen in ärztlicher, psychotherapeutischer oder gar keiner Behandlung waren, spielt dabei keine Rolle. Die Forscherinnen möchten herausfinden, was die Betroffenen als wichtig oder hinderlich für ihre Heilung erlebt haben, um hilfreichere Therapien zu entwickeln.

Sie bitten ehemalige Magersüchtige, einen Fragebogen anzufordern und auszufüllen. Alle Angaben bleiben anonym, Name und Adresse werden nicht gespeichert.

Die Anschrift: Dr. Alexa Franke, Psychologisches Institut der Ruhr-Universität, Postfach 10 21 48, 4630 Bochum.

Teil 2 des Fragebogens bestand aus der Einschätzung hilfreicher Faktoren. Diese wurden überwiegend auf der Grundlage der in den folgenden sieben Therapieformen genannten Wirkvariablen gebildet: dem Ansatz nach Hilde Bruch, Familientherapie, Gesprächspsychotherapie, Gruppentherapie, medizinische Behandlung, Psychoanalyse, Verhaltenstherapie. Ausgehend von dem, was in der jeweiligen Literatur als therapeutisch wirksam genannt wird, splitteten wir die verschiedenen Therapieformen in je zwölf bis fünfzehn Variablen auf. Da wir die Untersuchung nicht auf professionelle therapeutische Wirkvariablen beschränken, sondern alle Faktoren, die auf dem Weg aus der Krankheit nützlich sein können, erfassen wollten, formulierten wir darüber hinaus einige therapieunabhängige Items. Insgesamt ergaben sich 94 Variablen.

Aus heutiger Sicht ist zu bedauern, daß feministische Therapieansätze nicht berücksichtigt wurden; diese spielten jedoch zum damaligen Zeitpunkt noch keine entscheidende Rolle, insbesondere nicht unter Aspekten einer Katamnese.

Ein Ausschnitt aus dem Fragebogen (s. S. 107) soll die Art der Befragung verdeutlichen: Gefragt wurde zunächst, ob die Variable bei der Überwindung der Krankheit eine Rolle gespielt hatte. Im Falle eines „Ja" bewertete die Befragte anschließend auf einer vierstufigen Skala, ob ihr dies aus *heutiger Sicht* geholfen, eher geholfen, eher geschadet oder geschadet hatte. Die Befragten sollten somit beurteilen, inwieweit die jeweilige Variable aus ihrer heutigen Sicht zur Heilung beigetragen hat.

Der Fragebogen enthielt außerdem einige offene Fragen nach positiven und negativen Faktoren außerhalb von Behandlungen, nach anderen hilfreichen Personen und nach einer eigenen subjektiven Erklärung für das Entstehen der Anorexie.

Die Ergebnisse zu der Stichprobe und den Krankheitsvariablen werden in Kapitel 15 ausführlich dargestellt (vgl. auch Franke 1990). An dieser Stelle ist es ausreichend, das wichtigste Ergebnis festzuhalten, daß sich nämlich in allen diagnostischen Kriterien eine große Übereinstimmung dieser nicht-klinischen Stichprobe mit den aus klinischen Untersuchungen bekannten Stichproben ergab.

Gänzlich untypisch im Vergleich mit anderen Stichproben ist diese jedoch in bezug darauf, daß 21% der Befragten niemals in Behandlung waren. Ein Zusammenhang zwischen Behandlung respektive Nichtbehandlung und Dauer der Erkrankung ließ sich

	trifft nicht zu	Das hat mir			
		geholfen	eher geholfen	eher geschadet	geschadet
94) Ich habe die gleiche Behandlung erhalten und mich an die selben Regeln halten müssen wie andere Magersüchtige auf der Station auch.	☐	☐	☐	☐	☐
95) In der Gruppe habe ich die Erfahrung gemacht, daß ich gebraucht werde.	☐	☐	☐	☐	☐
96) Ich habe während der Behandlung künstlerisch gearbeitet (gemalt, getöpfert . . .).	☐	☐	☐	☐	☐
97) Mein(e) Therapeut(in) hat sehr wenig psychologische Fachbegriffe benutzt.	☐	☐	☐	☐	☐
98) Meine Äußerungen wurden in der Therapie nicht interpretiert.	☐	☐	☐	☐	☐
99) Ich habe mich in der Therapie als gleichberechtigte Partnerin erlebt.	☐	☐	☐	☐	☐
100) Mein(e) Therapeut(in) hat gewartet, bis ich sexuelle Probleme von selbst angesprochen habe.	☐	☐	☐	☐	☐
101) In den therapeutischen Gesprächen konnte ich mich mit meiner Hilflosigkeit auseinandersetzen.	☐	☐	☐	☐	☐
102) Der (die) Therapeut(in) hat mich bei meinen Entscheidungen unterstützt.	☐	☐	☐	☐	☐
103) Der (die) Therapeut(in) hat mich auf meine eigenen Gefühle und Bedürfnisse hingewiesen.	☐	☐	☐	☐	☐

aus den Daten nicht erkennen; die entsprechende Überprüfung mittels t-Test ergab keine Signifikanz.

Von denjenigen, die in Behandlung waren, hatten 42% eine und zwei Behandlungen, 22% drei und vier Behandlungen. 5% haben sich fünf und mehr Behandlungen unterzogen. 34% der Frauen waren in stationärer Therapie, 2/3 beurteilen die Wirkvariablen somit aus Perspektive einer ambulanten Behandlung.

Interessant sind auch noch die folgenden Ergebnisse:

Nur etwa ein Drittel (38%) der Behandelten betrachten sich als freiwillig behandelt: 62% gaben an, sie seien zur Behandlung gezwungen worden, und zwar von diesen wiederum 62% von ihren Eltern, 25% vom Hausarzt, 7% von Freunden und jeweils 3% vom Ehemann oder von Verwandten.

Die Therapieformen, die die Frauen ihren eigenen Angaben zufolge erhalten hatten, waren Gesprächspsychotherapie bei 52%, medizinische Behandlung bei 45%, Gruppentherapie bei 23%, Familientherapie bei 19%, Verhaltenstherapie bei 17% und Psychoanalyse bei 16%. 31% gaben „sonstige" Verfahren an.

Diese Nennungen müssen cum grano salis betrachtet werden. Die Patientinnen wissen nicht immer genau, welche Therapieform angewendet worden ist. Insbesondere der 52%-Anteil von Gesprächspsychotherapie-Nennungen erscheint mir zu hoch. Patientinnen, die sich mit den Feinheiten der Terminologie nicht auskennen und keine Ahnung vom Schulenstreit der PsychotherapeutInnen haben, haben vermutlich diese Kategorie angekreuzt, wenn sich eine Ärztin und/oder ein sonstiger professioneller Berater mehrmals mit ihnen unterhalten hat.

Sehr erstaunt hat mich, daß nur 45%, also nicht einmal die Hälfte aller Patientinnen, in medizinischer Behandlung war; ich hatte hier einen sehr viel höheren Prozentsatz erwartet.

Unter der Kategorie „Sonstige" nannten die Frauen folgende Behandlungsverfahren: Akupunktur, Arbeits- und Beschäftigungstherapie, Autogenes Training, Bewegungstherapie, Bioenergetik, Frauenselbsterfahrungsgruppe, Gestalttherapie, Heilpraktische Behandlung, Homöopathische Behandlung, Hypnose, Katathymes Bilderleben und Psychodrama.

Nun zu den Ergebnissen in bezug auf die Wirkvariablen:
Berechnet wurden zunächst die Häufigkeiten auf der Basis von Prozentwerten. Entsprechend der Konstruktion des Fragebogens liegen pro Variable zwei relevante Werte vor: (1) der Anteil derjenigen, auf die die Variable überhaupt zutrifft; (2) der Anteil derjenigen, die – bezogen auf die erste Zahl – diese Variable als hilfreich bzw. schädlich beurteilten.

Das erste Ergebnis ist, daß bis auf eine einzige Ausnahme (das war die Lobotomie), *alle* von uns aus der Literatur extrahierten Wirkvariablen in der Behandlung der befragten ehemaligen Patientinnen Anwendung gefunden hatten.

Keine Variable traf für alle Patientinnen zu.

Der höchste Wert von „trifft zu" beträgt 74%. Ihn erreichte ein Item, das keiner Therapieform zuzuordnen ist, das also als zusätzliches, therapieunspezifisches Item in den Fragebogen aufgenommen wurde. Es heißt: „Ich habe selbst entschieden, ab wann ich wieder gegessen habe".

Dies bewerteten 99% derer, die es erlebt hatten, als hilfreich.

In der Reihenfolge der „trifft zu" Häufigkeiten folgen acht Items mit Nennungen zwischen 69% und 60%. Diese sind:

– Der (die) Therapeut(in) hat mir genau zugehört.
– Ich konnte in der Therapie bestimmen, worüber ich sprechen wollte.
– Ich habe gelernt, die Bedürfnisse meines Körpers (Müdigkeit, Hunger, Frieren) zu erkennen.
– Der (die) Therapeut(in) hat daran geglaubt, daß ich wieder gesund werden kann.
– Der (die) Therapeut(in) hat mich und meine Gedanken und Gefühle ernst genommen und respektiert.
– Der (die) Therapeut(in) hat mich auf meine eigenen Gefühle und Bedürfnisse hingewiesen.
– Der (die) Therapeut(in) hat sich intensiv bemüht, mich zu verstehen.
– Ich wurde in regelmäßigen Abständen (täglich/wöchentlich) gewogen.

Die Variablen beziehen sich somit – mit Ausnahme des Wiegens

– darauf, daß die Patientin lernte, sich mit ihren Bedürfnissen und Gefühlen besser zu verstehen und auf die Bedingungen, die der/die Therapeut(in) schuf, um dieses zu realisieren. Alle diese Items wurden mit Prozentsätzen von 94% bis 100% als hilfreich eingeschätzt. Lediglich die Maßnahme des regelmäßigen Wiegens wurde nur von 43% der Frauen als hilfreich erlebt; 57% beurteilten sie – wohlgemerkt aus ihrer heutigen Sicht als gesunde Person! – als schädlich.

Die folgenden sechs Items wurden von 59% bis 51% als zutreffend angekreuzt:

– Ich hatte den Eindruck, daß mein(e) Therapeut(in) sein (ihr) Leben gerne lebte.
– Die Zuwendung des(r) Therapeuten(in) war nicht an Bedingungen geknüpft.
– Wenn ich gewogen wurde, hat man mir gesagt, wieviel ich wiege.
– In den therapeutischen Gesprächen wurde viel über meine Selbstzweifel gesprochen.
– Mein(e) Therapeut(in) hat sehr wenig psychologische Fachbegriffe benutzt.
– In den therapeutischen Gesprächen wurde viel über meine Angst, die Kontrolle über mich zu verlieren, gesprochen.

Diese Items wurden – abgesehen von dem der Rückmeldung über das Gewicht – von 90% bis 100% der Frauen als hilfreich erlebt. In bezug darauf, ob die Mitteilung über das Gewicht positiv oder negativ zu bewerten ist, spaltet sich die Gruppe: 56% empfanden dies als hilfreich, 44% als schädlich.

Für die übrigen Variablen des Fragebogens gilt, daß sie bei weniger als 50% der Patientinnen zutrafen. Bei diesen gibt es jedoch zahlreiche, die von allen bzw. fast allen, die sie erlebt haben, als hilfreich bewertet wurden. Dies sind zum Teil therapeutische Maßnahmen mit sehr geringen Häufigkeiten, die offenbar auf den individuellen Fall zugeschnitten genau das richtige Treatment darstellten – diese müssen hier außer acht gelassen werden.

Wichtiger aber sind jene Variablen, die von allen, die sie

erlebten, als hilfreich erlebt wurden, die aber, aus welchen Gründen auch immer, nur der kleineren Gruppe der Frauen zuteil wurde. Hierunter fielen Items wie:

– Der (die) Therapeut(in) hat mir Wärme entgegen gebracht.
– Ich konnte mich mit meiner Hilflosigkeit auseinandersetzen.
– Ich wurde in meinen Entscheidungen unterstützt.
– Ich erlebte mich in der Therapie als gleichberechtigte Partnerin.
– Mein(e) Therapeut(in) hat gewartet, bis ich sexuelle Probleme von selbst angesprochen habe.
– Ich erhielt Verhaltensvorschläge vom Therapeuten (von der Therapeutin).
– Ich habe Übungen zur Körperwahrnehmung gemacht.
– Ich löste mich innerlich von der Familie.

Außerdem gehört die Mehrzahl der gruppentherapeutischen Variablen in diese Kategorie, z. B.:

– Die anderen Gruppenteilnehmer haben mich verstanden.
– Ich mußte mich in der therapeutischen Gruppe durchsetzen.
– In der therapeutischen Gruppe habe ich gute Beziehungen zu anderen Teilnehmern entwickelt.

Diese deskriptiven Ergebnisse verdichteten sich nach einer faktorenanalytischen Überprüfung des Fragebogens. Auf der Basis einer Hauptkomponentenanalyse der Items hinsichtlich ihrer Bedeutung wurde die Frage überprüft, in welcher Richtung die Wirkvariablen den Heilungsprozeß beeinflußt haben.

Die Faktorenanalyse ergab 4 Faktoren, die allerdings nur 36,3% der Gesamtvarianz aufklärten. Eine größere Varianzaufklärung wäre nur zugunsten einer Mehrfaktorenlösung mit jeweils geringen Itemzahlen pro Faktor zu erreichen gewesen. Der Entscheid fiel daher zugunsten der 4-Faktoren-Lösung, wobei zur Überprüfung obiger Frage nur Variablen herangezogen wurden, die eine Ladung von größer .50 aufwiesen.

Es zeigte sich, daß 14 Variablen von allen, die sie erlebten, als hilfreich erlebt wurden. Diese waren:

– Der (die) Therapeut(in) hat mich und meine Gedanken und Gefühle ernst genommen und respektiert.

- Der (die) Therapeut(in) hat mich auf meine eigenen Gefühle und Bedürfnisse hingewiesen.
- Der (die) Therapeut(in) bemühte sich intensiv, mich zu verstehen.
- Die Zuwendung des (der) Therapeut(in) war nicht an Bedingungen geknüpft.
- In der Therapie wurde mir vom Therapeuten/von der Therapeutin viel Wärme entgegengebracht.
- Mein(e) Therapeut(in) hat mir eine ehrliche Rückmeldung über seine (ihre) Gedanken und Gefühle gegeben.
- Ich habe mich in der Therapie als gleichberechtigte Partnerin erlebt.
- Durch die Therapie habe ich mich von meiner Familie innerlich gelöst.
- In der Therapie habe ich Übungen zur Körperwahrnehmung gemacht.
- In der therapeutischen Gruppe habe ich gute Beziehungen zu anderen Teilnehmern entwickelt.
- Die anderen Gruppenteilnehmer haben mir gezeigt, daß sie mich mögen.
- Die anderen Gruppenteilnehmer haben mich verstanden.
- Ich mußte mich in der therapeutischen Gruppe durchsetzen.

Ebenfalls auf der Basis der Faktorenanalyse berechneten wir, welche Variablen in welchem Ausmaß als schädlich erlebt wurden.

Dies waren zu 100% Elektroschock und Apathie aufgrund von Medikamenten. Im folgenden sind die sonstigen als schädlich erlebten Maßnahmen in Tabellenform aufgeführt. Die Spalte „Häufigkeit" nennt den Prozentsatz der Befragten, die diese Maßnahme erhielten, die Spalte „Schädlichkeit" gibt an, wie viele von diesen die Maßnahme als schädlich bewerteten.

Wirkvariable	Häufigkeit	Schädlichkeit
Apathie durch Medikamente	17%	100%
Elektroschock	1%	100%
Körperliche Nebenwirkungen der medikamentösen Behandlung	18%	96%
Bestrafung bei Nichterreichen des Gewichtes	33%	67%
Bettruhe	12%	63%
Token economy	4%	60%
Abhängigmachen jeder körperlichen Aktivität vom Gewicht	24%	58%
Beruhigungsmittel	25%	52%
Antidepressiva	25%	50%
Sondenernährung	14%	50%

Den Schluß des Fragebogenteils zu den Wirkfaktoren bildeten einige offene Fragen, die von den meisten Befragten sehr ausführlich beantwortet wurden. Hier einige Ergebnisse:

Zur Frage, ob das Geschlecht des(r) Therapeuten(in) einen Einfluß auf den Heilerfolg gehabt habe, ergaben sich rechnerisch keine Unterschiede. Die Verteilung auf männliche und weibliche Therapeuten war etwa gleich (40% weiblich, 45% männlich, 15% Therapeuten-Paare bzw. Therapeuten beiderlei Geschlechts), die Bewertung dieser Variablen ebenfalls.

Viele Antworten legen den Schluß nahe, daß das Geschlecht unwichtig ist, wenn es zu einer guten Beziehung zwischen Therapeut und Klientin kommt. Zwei Beispiele:

„Eigentlich glaube ich das nicht, aber bei mir war es so, daß ich drei weibliche Therapeuten hatte und zwei männliche. Mir war es angenehmer bei einem Mann, mit dessen Hilfe ich dann meine Krankheit bewältigen konnte."

„Mir war die Frau lieber. Sie war dick. Und da fand ich mich schöner. Und nachdem ich mich ein bißchen daran geweidet hatte, konnte ich mich sehr gut mit ihr unterhalten. Der Mann war dünn und ich wollte auf jeden Fall dünner sein als er. Und er hat immer gesagt: ‚Mein Mädchen' und ich wollte gar kein Mädchen sein."

Besonders aufschlußreich sind die Antworten auf Fragen nach wichtigen Bezugspersonen in der Zeit der Erkrankung und nach deren Verhalten. Das Item „Es gab während der Magersucht eine oder mehrere Vertrauenspersonen, die mir mit ihrem Verhalten geholfen haben" beantworteten 75% der Befragten mit Ja.

Die vielen Antworten, wie diese Personen geholfen haben, ließen sich nach inhaltlichen Gesichtspunkten zu vier Verhaltenskategorien zusammenfassen: Zuwendung, Gespräche, Ignorierung und gemeinsame Unternehmungen.

Mit Abstand am meisten, nämlich von 73% der Befragten, wurden Verhaltensweisen der Vertrauensperson genannt, die wir der Kategorie „Zuwendung" zuordneten. Hierzu gehörten Nennungen wie: Geduld, Verständnis, Liebe, Aufmerksamkeit, Ernstgenommenwerden, Vertrauen, Anerkennung, Stärkung des Selbstwertgefühls, Großzügigkeit, hat an die Heilung geglaubt. Ein Beispiel für die Beschreibung solcher Vertrauenspersonen:

„Ein Freund und meine Cousine, die mir immer gezeigt haben, wie sehr sie mich mögen, auch wenn ich über lange Zeit nichts für die Freundschaft getan habe, mich isoliert habe etc. ... Sie haben nie mein Eßverhalten kommentiert oder ihr eigenes Eßverhalten davon beeinflussen lassen. Und sie haben mich nie auf den Charakter-Typus einer Magersüchtigen festgelegt."

56% nannten Verhaltensweisen, die wir der Kategorie „Gespräche" zuordneten. Hierzu gehörten Nennungen wie: Zuhören, auf Anorexie ansprechen, nach Ursachen suchen, Zeit haben, Ermunterung zum Handeln geben, offene Kritik geben.

Unter „Ignorierung" subsumierten wir 29% der Nennungen mit Inhalten wie: wenig Aufsehen um die Krankheit machen, kein Zwang, wenig Kontrolle, dem Gewicht keine Bedeutung beimessen.

Gemeinsame Unternehmungen mit der Vertrauensperson nannten 11% der Befragten.

Auf die gänzlich offene Frage nach „noch anderen Faktoren oder Einflüssen" ergab sich erwartungsgemäß ein großes Spektrum – was man auch als Beleg dafür anführen könnte, daß es nichts gibt, was nicht eine menschliche Veränderung einleiten oder auch behindern kann.

Die große Heterogenität der Antworten versuchten wir wiederum mittels inhaltlicher Kategorien zu strukturieren, wobei sich folgende Kategorien ergaben:

Sonstige hilfreiche Einflüsse	Prozent der Befragten
Liebe	45%
Eigenaktivität	31%
Positive Erfahrungen	26%
Trennung	16%
Kontakte zu anderen Anorektikerinnen und Literatur über Anorexie	16%
Negative Erfahrungen	14%

Spitzenreiter also wieder: die Liebe. Inhaltlich im einzelnen wurden wieder die gleichen Verhaltensweisen und Emotionen genannt, die auch den hilfreichen Bezugspersonen zugeschrieben wurden. Eine Frau schreibt: „Geholfen hat jeder Ansatz von Wärme und Verständnisbereitschaft". Eigenaktivität folgte an zweiter Stelle, wobei ein großes Spektrum genannt wird, z. B. Aufbau eines neuen Freundeskreises, die Aufnahme eines neuen oder Wiederaufnahme eines alten Hobbys (von Reiten bis Chorsingen), das Engagement in sozialen oder politischen Gruppen. Und häufig schreiben Frauen Sätze wie: „Letzten Endes habe ich mir selbst geholfen". Geradezu klassisch spiegelt sich hier der Konflikt der anorektischen Patientin zwischen Nähe und Autonomie wider.

Unter positiven Erfahrungen werden die verschiedensten Dinge genannt, die Freude machen und ein Leben positiv beeinflussen können; nichts deutet bei den Nennungen darauf hin, daß es hier spezifische Erfahrungen sind, die gerade anorektische Frauen als positiv erleben.

Dies ist anders bei den hilfreichen Trennungserfahrungen. Mit Abstand am häufigsten wird hier die Trennung von der Familie bzw. der Auszug aus dem Elternhaus genannt. Diese Trennung ermöglichte oft nicht nur das Herauskommen aus den als ungut erlebten Lebensumständen, sondern auch die Möglichkeit, „ein eigenes Leben" aufzubauen und neue Kontakte zu knüpfen.

Bei Kontakten zu anderen Anorektikerinnen erlebten die Frauen offenbar als hilfreich, daß sie auf „eine verwandte Seele" stießen. Mehrere Frauen führen aus, daß sie sich in der Anorexie sehr isoliert und unverstanden gefühlt haben, daß sie selbst nicht wußten, was mit ihnen los war. Hier hätten Gespräche mit anderen Frauen, die ähnlich erlebten und manchmal auch mehr wußten, sehr geholfen. Die Wirkung der Literatur über Anorexie wird ähnlich erklärt. Besonders häufig wird das Buch ‚Der goldene Käfig' von Hilde Bruch erwähnt; dieses habe zum Verständnis der eigenen Situation viel beitragen können.

Bemerkenswert ist, daß immerhin 14% erwähnen, bestimmte negative Erfahrungen hätten eine Veränderungsmöglichkeit ausgelöst. An solchen Erfahrungen wurden zum Beispiel genannt: Fotos von anderen anorektischen Frauen, andere Anorektikerinnen mit einer Sonde sehen, körperlicher Zusammenbruch, die Erschütterung von Freunden zu sehen. Zwei Beispiele:

„Als ich eine andere Magersüchtige kennenlernte und mit Erschrecken feststellte, wie verhungert und geradezu häßlich ein solcher Mensch aussehen kann, wußte ich, daß ich essen muß, um zu leben."

„Nach der Schule mußte ich also ca. 1,5 km Landstraße von der Bushaltestelle bis nach Hause laufen. Als ich dann an einem Tag kaum mal mehr fähig war, mit meiner 70(!)jährigen Klavierlehrerin Schritt zu halten – mir also meine eigene physische Schwäche deutlich wurde –, da wußte ich, so darf ich nicht weiter machen; so weit wollte ich es nicht kommen lassen."

Die negativen Erfahrungen scheinen von den Patientinnen jedoch nur dann als hilfreich bewertet zu werden, wenn das negative Erlebnis mit einem gewissen Schock, einem Aufrütteln einhergeht. Denn ein etwa gleich großer Prozentsatz der Befragten wertet „negative Erfahrungen" als schädlich für den Gene-sungsprozeß.

Hier die Auflistung der von den Frauen als negativ genannten sonstigen Einflußfaktoren:

Sonstige schädliche Einflüsse	Prozent der Befragten
Druck und Zwang	27%
Mangelnde Zuwendung	25%
Thematisierung von Erkrankung, Essen usw.	15%
Negative Erfahrungen	15%

Spitzenreiter also: Druck und Zwang. Dies ist ein eindeutiges Äquivalent dazu, daß bei den therapeutischen Maßnahmen alle, die Druck, Zwang und Kontrolle implizieren, als schädlich be-wertet werden. In manchmal ausführlichen Schreiben, die sie den Fragebogen beilegen, beschwören die Patientinnen uns gleich-sam, immer wieder darauf aufmerksam zu machen, daß Druck, Zwang und Kontrolle nur „Trotz" auslösen. Eine Frau schreibt:

„Schlimm für mich war es immer, wenn ich mit meinem dafür gut ausgeprägten Spürsinn merkte, daß ich mal wieder nicht ernst genommen, unter Druck und Zwang gesetzt, benutzt wurde. Dann war gleich alles in knallharter Kampfbereitschaft."

Unter mangelnde Zuwendung fanden sich viele erschütternde Beispiele dafür, wie wenig verstanden sich die Frauen fühlten und auf welche Mittel sie zum Teil verfielen, diese Zuwendung zu erkämpfen. Mit einem besonders eklatanten Beispiel möchte ich diesen Punkt beschließen:

„Geschadet: meine Eltern hatten meine Krankheit vollständig ignoriert, auch als sie wußten, daß ich Drogen nahm. (Ich habe in Wirklichkeit nur vorgegeben, Drogen zu nehmen, da Drogen ja ein ‚anerkanntes Jugendproblem' sind, aber ich wußte nicht, warum ich nichts mehr essen konnte und von Magersucht hatte ich noch nichts gehört)."

121

10. Was hilft? Was schadet?
Versuch einer Antwort

Meines Erachtens zeigen die Ergebnisse der Befragung hinsichtlich der Wirkvariablen überdeutlich, was Patientinnen mit der
Krankheit Anorexie brauchen, um gesund zu werden: Achtung,
Anerkennung und Akzeptierung als eine Person, die ihre eigenen Entscheidungen fällen kann und muß.

Die anorektische Frau geht davon aus, daß sie nur dann anerkannt, akzeptiert und geliebt wird, wenn sie so empfindet und
sich so verhält, wie ihre Umgebung es erwartet.

Wodurch diese Überzeugung entsteht, sei hier dahingestellt,
ebenso auch, inwieweit sie berechtigt ist und den „objektiven"
Erfahrungen der Patientinnen entspricht. Tatsache ist, daß die
anorektische Frau es so erlebt, und daß demzufolge jede Annäherung an einen anderen Menschen für sie bedeutet, sich mehr
an diesem und seinen Vorstellungen und Bedürfnissen als an den
eigenen orientieren zu müssen. Nähe zu einem anderen Menschen bedeutet Entfremdung von ihr selbst.

In der anorektischen Welt sind Nähe und Individualität inkompatibel miteinander, es gibt nur das eine oder das andere. Doch
mit der Wahl, die sie angesichts dieser Sichtweise treffen müßte,
mag sich die Frau nicht abzufinden. Könnte sie eine Entscheidung treffen zwischen diesen beiden Bedürfnissen, so entstünde,
davon bin ich überzeugt, *nicht* Anorexie. Vielleicht verfiele sie
bei völliger Anpassung in eine regressive Erkrankung oder würde
bei Entscheidung für das Individualitätsbedürfnis sozial auffällig.
Aber sie entwickelte nicht die Anorexie. Denn Grundlage für die
Anorexie ist, daß sich die Frau mit der von ihr erlebten Alternative nicht abfinden will.

Auf eine wie diffuse Weise auch immer weiß jede anorektische Frau, daß Nähe und Individualität *nicht* inkompatibel sind und daß Menschen beides haben können.

Nur: sie weiß nicht wie.

In ihrer Angst, bei Nähe verschlungen zu werden, zieht sich die anorektische Frau somit immer mehr zurück, aber sie erreicht durch diesen Verzicht auf Nähe nicht, daß ihr anderes Grundbedürfnis, das auf Autonomie, befriedigt wird. Denn da sie ihre eigenen Bedürfnisse gar nicht kennt, gar nicht weiß, was *sie* möchte, kann sie auch Eigenständigkeit und Individualität nicht aushalten. Sie verliert somit auf beiden Seiten. Dies ist die Tragik der Anorexie.

Der Weg aus der Krankheit besteht darin, daß die Patientin lernt und erfährt, daß sie weder etwas Unmögliches noch etwas Böses fordert, wenn sie Nähe und Selbständigkeit möchte. Daß sie beides haben darf, beides haben kann und daß sie selbst etwas dazu beitragen kann, es zu bekommen.

Wie aber gelangt die Patientin auf diesen Weg?

Ausgehend von dem erlebten Widerspruch ist es logisch, daß alle die Unabhängigkeit der Patientin einschränkenden Maßnahmen wenig hilfreich sind.

Dies wird auch durch die empirische Therapieforschung bestätigt:

Für stark kontrollierende verhaltenstherapeutische Programme konnte gezeigt werden, daß sie wenig effektiv sind. Häufig scheitern sie bereits daran, daß sie nicht durchführbar sind. Viele noch so fein gesponnene Netze kontrollierender Maßnahmen versagen angesichts der Fähigkeit anorektischer Patientinnen, einen Trick zu finden, mit dem sie das Programm aushebeln. Konnte einmal ein kontrollierender Plan durchgeführt werden, so sind seine längerfristigen Erfolge in der Regel mager. Katamnestische Untersuchungen der frühen operanten verhaltenstherapeutischen Programme zeigten, daß durch die Therapie gute Gewichtssteigerungen erzielt werden konnten, daß diese jedoch nach Beendigung der Therapie schnell wieder verloren gingen (vgl. Bemis 1978; Franks & Wilson 1979). Dies führte dazu, daß es unter den VertreterInnen dieser Therapiemethode zu deutlichen Veränderungen im therapeutischen Vorgehen gekommen ist (Franke 1991).

Auch die Hoffnungen, die sich darauf bezogen, durch Medikamente eine Kontrolle des Eßverhaltens der Patientinnen zu erreichen, haben sich weitgehend verflüchtigt (vgl. Meermann & Vandereycken 1987; Szmukler 1982).

Immer mehr ExpertInnen (Bossert et al. 1987; Garfinkel & Garner 1982; Garner 1985; Gerlinghoff & Plog 1987; Kalucy et al. 1985) kommen somit zu dem Schluß, daß außenkontrollierte Programme weniger hilfreich sind als man noch vor einigen Jahren vermutete.

Auch in der von uns durchgeführten Fragebogenerhebung schnitten kontrollierende Maßnahmen sehr negativ ab. Unter den als hilfreich bewerteten therapeutischen Maßnahmen befindet sich keine kontrollierende Maßnahme. Apathie durch Medikamente und Elektroschock, also eindeutige Zwangsmaßnahmen, werden jedoch zu 100% als schädlich erlebt. Auch sonstige Kontrollmaßnahmen wie: Bestrafung bei Nichterreichen des Gewichts, Bettruhe, Token-Economy und das Abhängigmachen jeder körperlichen Aktivität vom Gewicht werden von der Mehrzahl der Patientinnen, die dieses erlebt haben, als schädlich bewertet.

Auch bei den negativen Verhaltensweisen von Bezugspersonen und sonstigen schädlichen Einflüssen stehen „Druck und Zwang" an oberster Stelle. Die Patientinnen erleben kontrollierende Maßnahmen als Einschränkung ihrer Individualität, die alle anorektische Verweigerungskraft aktiviert. Hier einige Beispiele:

„Geschadet hat mir, daß andere Leute nur auf die Nahrungsaufnahme pochten und keine seelischen Hintergründe gelten ließen. Dadurch entwickelte ich eher eine Trotzreaktion: jetzt esse ich erst recht nichts. Ich kapselte mich dadurch von Familie und Freunden ab."

„Geschadet haben alle Versuche und Appelle, unmittelbar auf

mein Eßverhalten einzuwirken. Mehr zu essen war nun wirklich keine Lösung."

„Mich hat es gestört, wenn jeder sagte: ‚Iß doch etwas.' Das nervte und machte aggressiv."

„Ich finde, daß es mir geschadet hat, wenn ich von meinen Eltern zum Essen gezwungen wurde. Ich wurde dann immer trotzig."

Wie aber kann die anorektische Frau erkennen lernen, daß es sich bei dem von ihr erlebten Widerspruch zwischen Nähe und Selbständigkeit um einen nur scheinbaren handelt?

Dieses Erkennen, dieser Lernprozeß kann, davon bin ich überzeugt, nur in einer Beziehung zu einem anderen Menschen geschehen. Die Beziehung muß so sein, daß Nähe zugelassen werden kann und dabei Eigenständigkeit gewährleistet ist. Die Patientin muß erfahren, daß, auch wenn sie sich öffnet, die Gegenseite daraus keine Forderungen ableitet, sich nun so oder so zu verhalten, so oder so zu empfinden. Sie muß erfahren können, daß ihr auch dann Wärme und Akzeptanz entgegengebracht werden, wenn sie etwas tut, das die andere Person vielleicht nicht erwartet hat oder was sie gar enttäuscht. Und sie muß erfahren, daß die andere Person keinen Druck in eine ihr genehme Richtung ausübt.

Diese Überzeugung wird durch die Daten der Befragung gestützt: 75% der Frauen hatten mindestens eine Beziehungsperson, und deren Zuneigung, Akzeptanz und konkrete Hilfestellung wurden als eine wichtige Variable im Heilungsprozeß angesehen.

Die befragten Frauen nennen jedoch nicht nur „Zuwendung" als positiven Faktor, sondern explizit „fehlende Zuwendung" als negativen Faktor. Dies zeigt viel über die emotionale Isolation, in der sich manche Anorektikerin befindet, bzw. über das enorme Defizit, das sie diesbezüglich erlebt.

Wenn es im alltäglichen Umfeld der Patientin keine solche Person gibt, muß ein(e) Therapeut(in) diese Rolle übernehmen.

In der Terminologie der Psychotherapieforschung weisen die Ergebnisse der Befragung die sogenannten unspezifischen Variablen als die für eine positive Veränderung entscheidenden aus:

Akzeptanz, Wärme und Echtheit. Diese Variablen werden sowohl zur Beschreibung einer hilfreichen therapeutischen Interaktion als auch für die Beschreibung des hilfreichen Verhaltens anderer Sozialpartner gewählt.

Nach den Ergebnissen der Befragung bin ich mehr denn je davon überzeugt, daß es bei der Frage der „richtigen" Therapie für Frauen mit anorektischen Störungen nicht um die Frage der Therapiemethode geht, sondern um die Frage der therapeutischen Beziehung. Sie ist eine notwendige Voraussetzung für eine Veränderungsmöglichkeit einer anorektischen Frau. Dies schließt jedoch nicht aus, daß vor Beginn einer Therapie eine sorgfältige Indikation bezüglich Art und Setting der geplanten Maßnahmen stattfindet. Ich gehe hierauf in Kap. 13 gesondert ein.

In diesem Zusammenhang möchte ich noch ein kleines Nebenergebnis der Befragung ins Gedächtnis rufen, und zwar dasjenige, daß nur 36% der Befragten Informationen über die Behandlung erhielten, was alle ausnahmslos als hilfreich bewerteten. Will man nicht unterstellen, daß die Behandler selbst nicht wußten, was sie taten, oder es nicht plausibel zu erklären wußten, so kann dieses Ergebnis doch nur so interpretiert werden, daß Patientinnen mit Anorexie als unmündig behandelt werden, wie Menschen, denen nicht zugetraut wird, daß sie entscheiden können, was für sie gut und richtig ist.

Auf einer anderen Ebene als derjenigen des Schulenstreits um die richtige therapeutische Methode liegt die Frage nach dem Beitrag gruppentherapeutischer Methoden zu einer erfolgreichen Behandlung. In der frühen Anorexie-Literatur wurde von der Verwendung gruppentherapeutischer Verfahren eher abgeraten. Inzwischen sind jedoch neuere Konzepte evaluiert, und die Erfahrungen werden weitaus positiver beurteilt (vgl. Hall 1985; Hendren et al. 1987; Schmitz, Ecker & Hofmann 1991). Die positiven Bewertungen der Patientinnen in unserer Befragung unterstützen diesen Trend sehr eindrücklich.

Zum Abschluß möchte ich auf einen Aspekt eingehen, über den in der Fachliteratur wenig zu finden ist, der jedoch in den oft sehr ausführlichen Kommentaren der von uns befragten Frauen zu ihrem Weg aus der Magersucht immer wieder auftaucht. Er betrifft die Länge dieses Weges.

Eine Frau schrieb auf einem gesonderten Blatt unter dem Titel „Was ich wichtig fände, wenn ich Therapeut wäre", zehn Punkte auf. Als ersten Punkt nennt sie:

„Ich würde mich selber auf eine lange Zeit einstellen, die ich die/den Magersüchtigen begleite, mich also in Sachen Geduld trainieren..."

Der Weg aus der Anorexie ist für die meisten ein langer, für den sie Zeit brauchen und auf dem sie selbst das Tempo bestimmen wollen. Ich erlebe in der Therapie regelmäßig die Phasen als die schwierigsten, in denen die Patientin sich verändern will und dies auch tut und in denen sie sich nach und nach von ihrer Krankheit trennt. Mit jedem Schritt, den sie aus therapeutischer Sicht nach vorne geht, gibt sie etwas ab, das ihr eine Hilfe war, eine schwere Lebenssituation durchzustehen. Und mit jedem Schritt nähert sie sich mehr einem Zustand, der sie immer wieder ängstigt, einem Zustand der Normalität und damit des Durchschnittlichseins, des Mittelmaßes.

Hinzu kommt, daß die Patientin in der Regel kein Bild von sich als der gesunden Frau hat, die sie werden möchte. Insbesondere dann, wenn sie bei Krankheitsbeginn ein junges Mädchen war und jetzt, also zum Zeitpunkt der Therapie, eine Frau um Mitte zwanzig, muß sie viel schneller als eine sich gesund entwickelnde Frau lernen, mit einem erwachsenen Bild von sich selbst zu leben. Sie muß auch viel rapider lernen, mit einem fraulichen Körper zu leben. Während sich bei der gesunden Frau die Entwicklung und damit die Gewöhnung an den weiblichen Körper, an „ihren" Körper, kontinuierlich vollzog, muß die anorektische Frau diese Jahre im Zeitraffer durchleben. Hierbei darf sie nicht gehetzt werden. Äußerungen von TherapeutInnen wie „das ist ja ganz toll, wie sie sich verändern" wirken keineswegs verstärkend, sondern angstauslösend und führen häufig zu einem Rückzug der

Patientin und damit letztlich auch zu einem Rückschritt im therapeutischen Veränderungsprozeß. Therapeutische Akzeptanz bedeutet hier zu akzeptieren, daß Veränderungen schwerfallen.

Darauf, wie die hilfreichen Faktoren in der Therapie realisiert werden können, gehe ich in den Kapiteln 11 und 14 ein.

11. Therapeutische Prinzipien

Bei der Therapie von Patientinnen mit Anorexie gibt es grundsätzlich zwei verschiedene Ausgangssituationen: die, in der die Patientin ihre Krankheit verteidigt, keine Krankheitseinsicht zeigt, und diejenige, in der die Patientin ihre Krankheit aufgeben möchte. Der letzte Fall ist sicherlich der einfachere, hat doch die Patientin bereits eingesehen, daß die Anorexie eine untaugliche Lösung ist. Unter Umständen spürt sie unangenehme Auswirkungen ihrer Krankheit, wie körperliche Schwäche, Müdigkeit oder auch Konzentrationsstörungen. Vielleicht aber merkt sie auch, daß sie dem Ziel, eine attraktive Sozialpartnerin zu werden, mit ihrer Erkrankung nicht näher gekommen ist. Oder sie kann das Hungern nicht mehr aushalten oder befürchtet Dauerschäden durch Erbrechen und Laxantienabusus.

Was immer die Gründe sein mögen: auch die Patientin, die die Anorexie als falschen Weg erkannt hat und ihn grundsätzlich verlassen möchte, fühlt sich nicht in der Lage, dies ohne weiteres zu tun. Hier – und bei den Patientinnen ohne Krankheitseinsicht sowieso – heißt das oberste therapeutische Prinzip:

Geduld haben!

Anorektische Frauen entscheiden sich für den *langen* Weg aus der Krankheit. Sie spüren, daß sie viel verändern müssen und daß sie dafür Zeit brauchen. Das Gesundwerden ist kein isoliertes Ereignis, sondern ein Prozeß, der aus vielen, oft sehr kleinen Schritten besteht.

Er ist unter anderem deshalb so schwer zu gehen, weil die junge Frau erst auf dem Weg aus der Krankheit erkennt, mit welchen Problemen sie eigentlich konfrontiert ist. Da die Anorexie eine Verleugnungsstrategie war, werden erst im Verlauf des Gesundungsprozesses all die Schwierigkeiten sichtbar, die vorher ausgeblendet waren. Das heißt: über eine lange Phase des Veränderungsprozesses hinweg tun sich immer neue Probleme und häufig neue Schmerzen auf. Die Patientin muß unter Umständen erkennen, wie sehr sie in der Beziehung ihrer Eltern funktionalisiert worden ist oder wie wenig ihre Individualität zugunsten eines angeblich höheren familiären Prinzips geachtet worden ist; auch die Erkenntnis darüber, wie sie von ihren Geschwistern separiert worden ist, kann sehr schmerzlich sein... Und schafft sie es, die Probleme zu erkennen und die Schmerzen zu verarbeiten, so heißt dies noch lange nicht, daß ihr nun automatisch gute Bewältigungmöglichkeiten und Problemlösestrategien zufliegen. Viel häufiger ist, daß sie immer wieder auf gelernte Bewältigungsarten zurückgreift und von daher immer wieder auch scheitert.

Schwer ist der Weg aus der Krankheit auch deshalb, weil das soziale Netz weitgehend auf die Frau als „Anorektikerin" eingestellt ist. Geht man davon aus, daß die Anorexie eine Funktion im sozialen Netzwerk der Patientin hatte, so wird der Gesundungsprozeß unter Umständen massiv boykottiert. Natürlich ist es keineswegs so, daß jede anorektische Frau als Opfer eines familiären Systems in der Krankenrolle verbleiben muß; aber die Zahl der Patientinnen, die ihre Loslösung von der Familie als die notwendige Voraussetzung für die Genesung betrachtet, und auch empirische Ergebnisse über Erkrankungen anderer Familienmitglieder nach „Heilung" der anorektischen Patientin sprechen doch eine deutliche Sprache.

Selbst die Sozialpartner, die den Gesundungsprozeß unterstützen möchten, tun häufig etwas Falsches. Auch sie müssen sich ja erst darauf einstellen, daß die Patientin sich verändert – und so unterstützen sie oft noch zu lange krankes Verhalten. Ein besonders häufiger Fehler aber ist, daß sie die sich andeutenden Veränderungen der Patientin zu euphorisch begrüßen. Das, was als Aufmunterung gemeint ist, kann leicht die Frau, die sich ja in einem extrem labilen Zustand befindet, verschrecken. Dies gilt vor allem für Äußerungen, die sich auf die Veränderung des Körpers beziehen. In unserer Befragung schrieb z. B. eine Frau:

„Schwierigkeiten machte mir der Satz, den ich, nachdem es mir besser ging, überall zu hören bekam: Du siehst aber gut aus. Ich hatte dann große Angst, schon wieder viel zu dick zu sein und daß alles wieder sein soll wie früher. Ich habe bis heute das Gefühl, daß mein Körper sich viel schneller erholt hat als ich mich selbst."

Eine weitere Hürde auf dem Weg aus der Krankheit kann das Gefühl der Patientin sein, etwas aufgeben zu müssen.

Eine Patientin zeigte mir ein Blatt, auf das sie unter der Überschrift „Mein gespaltenes Ich" in zwei Rubriken die Gründe aufgeschrieben hatte, warum sie gerne zunehmen wollte und was sie am Zunehmen hinderte. In der Rubrik „Ich möchte gerne zunehmen" standen neun Gründe, in der Rubrik „Was hindert mich am Zunehmen" fünf. Außer den Ängsten, um die Taille wieder speckig zu werden, über das Ziel hinaus zu schießen, sich nicht mehr bremsen zu können und es, falls erforderlich, nie mehr zu schaffen, abzunehmen, steht dort als ausführlichster Grund: „Ehrgeiz". Zu diesem führt die Patientin aus:

„Ich habe circa zehn Jahre gebraucht, um so viel abzunehmen. Ich habe es geschafft, was andere trotz harter Bemühungen nicht schaffen. Ich habe in dieser Zeit sehr viel mitgemacht, starke körperliche Schwächen, große Beherrschung, Streit, Kummer, Depressionen. War dies alles umsonst? Es ist schwer, das Erkämpfte so einfach von heute auf morgen wieder aufzugeben, etwas, was ich nie wieder erreichen kann."

Die Patientin, die sich von der Anorexie verabschiedet, weiß, daß sie hiermit einen Abschied für immer leistet. Sie muß sich damit wirklich von einem Teil ihrer Identität trennen, und dieser Teil kann, je nachdem wie hartnäckig sie ihn verteidigt hat, einen großen Teil ihrer gesamten Person ausmachen.

Dazu kommt, daß die Patientin oft den Eindruck hat, mit

Aufgabe der Erkrankung einen Gesichtsverlust zu erleiden. Häufig hat sie über Jahre hinaus ihrer Umwelt klar zu machen versucht, daß es ihr prima geht, daß mit ihr alles in Ordnung ist, daß sie sich, so wie sie ist, schön findet. Wie soll sie nun ihre Veränderung begründen? TherapeutInnen müssen begreifen, daß selbst die von der Bäckersfrau an der Ecke gemachte Bemerkung, gestern habe sie noch zu ihrem Mann gesagt, jetzt lache die Frau X auch mal wieder, und überhaupt sehe sie viel besser aus mit dem volleren Gesicht, tiefe Krisen und Rückschritte in der Therapie auslösen können.

Und schließlich sei noch einmal wiederholt, daß das Sichgewöhnen an einen neuen Körper sehr schwer fallen kann (vgl. Kap. 10). Dies insbesondere dann, wenn die Patientin mit einem noch kindlichen Körper angefangen hat zu hungern und sie sich jetzt innerhalb kurzer Zeit in einen weiblichen hineinfinden muß.

Daß man sich angesichts von Patientinnen, die noch gänzlich ohne jede Einsicht in ihre Erkrankung und deren Funktion sind, mit noch mehr Geduld wappnen muß, ist evident.

Zum Prinzip, Geduld zu haben, gehört auch, in den einzelnen therapeutischen Maßnahmen und Äußerungen lieber einen Schritt zu wenig als einen halben zu viel zu machen und nicht emotional auszuschöpfen, was in der Situation vielleicht gerade möglich wäre. Anorektische Frauen haben Angst, erkannt zu werden, und daß sie sich verstecken, bedeutet ihnen Schutz. Wenn sie einem anderen vertrauen, zeigen sie ihm mehr als anderen Menschen – aber auch dieses Sich-Zeigen bleibt angstbesetzt.

TherapeutInnen müssen diese Furcht und das häufig daraus resultierende Zögern dringend respektieren. Wenn „Dinge in der Luft liegen", sollte man nicht versuchen, sie unbedingt konkret zu machen. Gänzlich fehl am Platz ist hier therapeutische Eitelkeit: „Ich zeige Dir, daß ich spüre, was Du eigentlich sagen möchtest..." Man sollte abwarten; wenn wirklich etwas in der Luft liegt, wird die Patientin es zu gegebener Zeit selbst ansprechen, und dann ist der richtige Moment, darauf einzugehen. Ein Schritt zu weit zu früh hat in der Regel zur Folge, daß die

Patientin sich verschreckt zurückzieht, und es kann lange dauern, bis sie sich wieder hervorwagt. Um jeder Gefahr, mißverstanden zu werden, vorzubeugen: vorsichtiges Vorgehen darf nicht mit eigener Angst der Therapeutin verwechselt werden oder aus ihr resultieren! Vorsicht bedeutet vielmehr neben dem oben Ausgeführten, die Grenzen zu beachten und zu hüten, die Patientin nicht dazu zu verleiten, eine momentane Nähe einzugehen, der sie sich auf Dauer nicht gewachsen fühlt.

Die Patientin so akzeptieren, wie sie ist!

Gehe ich einmal von den Defiziten anorektischer Patientinnen aus, so haben sie eine gestörte Körperwahrnehmung, eine inadäquate Wahrnehmung und Interpretation psychophysiologischer Erregungen und Körpersignale wie Hunger, Frieren und Schwitzen, Müdigkeit, häufig auch Schmerzen. Sie sind nicht in der Lage, ihre Emotionen angemessen wahrzunehmen und zu interpretieren. Ihr Selbstkonzept ist gestört, ihr Selbstbild unangemessen. Sie erleben sich als außengesteuert, und es fehlen ihnen eigene Zielvorstellungen.

Übersetzt man diese Defizite in die Sprache der klientenzentrierten Terminologie, so verfügen die Patientinnen über ein extrem geringes Ausmaß an Selbstexploration. Sie sind sich unklar über ihr Erleben und ihre Gefühle. Sie erlauben sich keine neuen Erfahrungen, nicht einmal die Stimuli aus ihrem eigenen Körper wagen sie an sich heran zu lassen. Ihr Selbstkonzept ist starr und eingeengt auf einen engen Erlebensbereich. Dieses Wenige jedoch verteidigen sie zäh. Sie gestatten sich keine Abweichung, kein Experimentieren, kein Ausprobieren, denn all dies könnte dazu führen, daß der Rest Ich, dieses wenige, was übrig geblieben ist, auch noch ins Wanken gerät.

Für mich ist dieser Prozeß des Engerwerdens, Starrerwerdens, des letztlich nur noch ganz wenig von sich Festhaltenkönnens unmittelbar körperlich nachvollziehbar. Ich stelle mir vor, daß die Frauen alles, was weich an ihnen ist, was eine Ablenkung sein könnte, was irgendetwas Unvorhersehbares mit sich bringen könnte, verschmähen müssen. Sie können angesichts einer Welt, die sie bedroht und in der sie mißbraucht werden, nur noch ihr Gerippe festhalten. Sie machen sich ganz eng, ganz klein, begrenzen den Raum, den sie für sich brauchen, auf den kleinstmöglichen Punkt in der Hoffnung, das sei ihr eigener.

Anorektische Mädchen wachsen in einer Welt auf, in der ihnen nichts gehört: sie haben die Nase vom Vater und die Augen der Großmutter; die guten Noten in Englisch und Latein gehen auf das Konto der Mutter, die stundenlang die Vokabeln mit ihnen büffelt, und Tennis- und Klavierspielen können sie, weil der Vater den Unterricht finanziert. Nichts ist ihr Eigenes, nichts ist ihre Leistung, wird ihrer eigenen Anstrengung oder Fähigkeit zugeschrieben.

Dieser Person, die sich starr und erschreckt auf das minimal Mögliche reduziert hat, kann ich als Therapeutin nur helfen, wenn ich sie so akzeptiere, wie sie ist und solange da lasse, wo sie ist, wie sie es möchte. Das bedeutet, daß ich akzeptiere, daß sie sich zu dick fühlt, daß sie weiter abnehmen möchte, daß sie sich unwohl fühlt, wenn sie ruhig sitzt. Und es bedeutet auch, daß ich ihr das Tempo und die Größe der Schritte überlasse, mit denen sie sich zu einem Zeitpunkt, den *sie* bestimmt, aus ihrem Käfig heraus begibt.

Die Frage des Zeitpunkts und der Dauer der therapeutischen Veränderung betrifft noch einmal das Prinzip der Geduld. Ich möchte an dieser Stelle jedoch den Akzent stärker darauf setzen, daß die Selbsteinschätzung der Patientin als nicht-krank akzeptiert werden muß. Man kann dieses wiederum aus der klientenzentrierten Theorie ableiten, derzufolge jede Veränderung nur vom inneren Bezugsrahmen jedes Individuums möglich ist. Nur wenn ich also die Selbsteinschätzung der Patientin akzeptiere, ermögliche ich ihr, diese eigene Einschätzung zu reflektieren und zu ändern. Nur so gebe ich ihr die Möglichkeit, ihre Verteidigungshaltung aufzugeben und neue Lösungen auszuprobieren, ohne sich als Verliererin der letzten Bastion fühlen zu müssen.

Doch man muß nicht klientenzentrierter Therapeut sein, um

dieses Prinzip der Akzeptanz zu begründen. Garner & Bemis z. B. verdeutlichen in einem hervorragenden Artikel (1985) die Notwendigkeit dieses therapeutischen Verhaltens im Rahmen der kognitiven Verhaltenstherapie, bei der es ebenfalls unabdingbar ist, vom Denksystem der Patientin auszugehen (vgl. auch Garner & Bemis 1982; Garner et al. 1982).

Das Prinzip, die Patientin so zu akzeptieren wie sie ist, macht jedoch auch unter kommunikationstheoretischen Gesichtspunkten erheblich Sinn. Denn es bedeutet, der Patientin nicht auf dem Lösungsweg der Verleugnung entgegenzukommen. Unter kommunikationstheoretischen Gesichtspunkten sind alle Maßnahmen, die bei effektiv nicht vorhandener Krankheitseinsicht dennoch von Krankheitseinsicht ausgehen, Maßnahmen, die das der Patientin so sattsam bekannte Muster der Verleugnung fortschreiben. Therapeutische Verträge etwa über Nahrungsmengen und Sollgewichte oder Absprachen über einzuhaltende Minimalgewichte für die Aufnahme in eine Klinik gehören zu diesen Maßnahmen, die so tun, als ob die Patientin nicht weiter abnehmen möchte, als ob sie sich nicht zu dick fühle. Aber sie findet sich zu dick – zumindest dann, wenn sie sich nicht schon ein erhebliches Stück aus der Krankheit herausbewegt hat. *Krankheitseinsicht ist ein therapeutisches Ziel, nicht die Voraussetzung für eine Therapie.*

Zu akzeptieren, daß die Patientin keine Krankheitseinsicht hat, bedeutet natürlich nicht, die Meinung der Patientin, sie sei gesund, wiege genug, esse ausreichend und ausgewogen, zu teilen. Die Therapeutin darf keinen Zweifel daran aufkommen lassen, daß sie Körperumfang, Eßverhalten und sonstige anorektische Symptome für unangemessen hält und eine Veränderung notwendig findet. Alles andere wäre entweder Zeichen einer Kumpanei, die von der Patientin sofort als verlogen erkannt wird oder – mindestens ebenso schlimm – Zeichen einer gemeinsamen Verwirrung, von der die Patientin nicht profitieren kann. Die Patientin zu verstehen und zu akzeptieren bedeutet nicht, ihr inneres Chaos zu teilen, sondern es bedeutet, dieses Chaos zu verstehen.

Zuhören, nicht interpretieren!

Anorektische Frauen leben im allgemeinen in Familien, in denen zwar über sie geredet, in denen ihnen aber nicht zugehört wird. Was sie mögen, was sie ablehnen, was sie können und was für sie gut ist – all dies dürfen sie nicht selbst herausfinden, sondern es wurde ihnen zugesprochen. Es ist somit eminent wichtig, daß diese Patientinnen in der Therapie erfahren können, daß jemand an dem interessiert ist, was sie zu sagen haben und daß nicht ein anderer sagt, was sie „wirklich" fühlen oder meinen. Hilde Bruch (1973) hat als erste darauf hingewiesen, daß Interpretationen bei diesen Patientinnen leicht das bekannte ungünstige Muster der wissenden Eltern und des unmündigen Kindes wiederholen können. Sie schreibt:

„Wenn es Dinge gibt, die aufgedeckt und interpretiert werden sollten, ist es wichtig, daß der Patient die Entdeckung selbst macht und die Chance hat, es zuerst zu sagen. Der Therapeut kann sich bestätigend oder abweichend äußern, wenn ihm das wichtig erscheint" (1991, S. 317 f.).

Bruch machte auch darauf aufmerksam, daß die Sprache von anorektischen Patientinnen oft merkwürdig unklar bleibt. Sie sind oft redegewandt, verfügen über einen großen Wortschatz und scheinen sich artikulieren zu können – doch sind die Botschaften, die sie über sich selbst vermitteln, vage und vieldeutig. TherapeutInnen müssen für diese Unklarheiten sensibel sein und sich von der vermeintlichen Eloquenz nicht täuschen lassen. Es gilt, immer wieder die Bedeutung des Gesagten zu hinterfragen und dabei auch auf die Botschaften in scheinbaren Allgemeinplätzen zu achten. Tut die Therapeutin dies nicht, so entsteht ein oberflächlicher Austausch, den Bruch treffend „Falschmünzer-Kommunikation" (1991, S. 317) genannt hat. Zwei Menschen reden dann über etwas, statt sich wirklich miteinander auszutauschen.

Sheila McLeod versteht gar die gesamte Erkrankung Anorexie als eine verschlüsselte Botschaft:

„Eine Magersüchtige versucht, uns etwas mitzuteilen, ob sie das nun weiß oder nicht und wie indirekt und metaphorisch die Sprache ihrer Symptome auch erscheinen mag. Und zwar versucht sie, uns etwas ganz Bestimmtes über sich selbst und den Hintergrund ihres Lebens mitzuteilen... Manche unter Magersucht Leidende würde lieber sterben als aufzuhören, das mitzuteilen" (McLeod 1983, S. 12).

Es gilt somit, sehr genau zuzuhören. Dabei muß man sich ständig vergegenwärtigen, daß eine junge Frau, die ein Symptom wie die Anorexie braucht, um sich mitzuteilen, eine offene, konkrete, nicht-verleugnende und nicht-paradoxe Kommunikation gar nicht gelernt hat. Somit wird es ihr auch nicht möglich sein, diese zu Beginn gegenüber der Therapeutin zu realisieren. Um so notwendiger ist es, daß diese ihrerseits ein Modell für offene, ehrliche Kommunikation ist und damit als Orientierungshilfe dienen kann.

Wenn anorektische Patientinnen in der Therapie nicht so kommunizieren, wie wir es uns wünschen, so liegt das nicht an ihrer besonderen Bösartigkeit, Hinterhältigkeit oder an sonst irgendetwas Negativem, sondern an der Unfähigkeit von TherapeutInnen, diese Verhaltensweisen als gelernte Defizite zu begreifen. Wir eröffnen der Patientin jedoch eine Lernchance, wenn wir genau zuhören, sehr konkret sprechen und in einem ständigen Diskurs mit der Patientin darüber bleiben, daß wir das von ihr Kommunizierte so verstanden haben, wie sie es gemeint hat und vice versa.

A-sozial sein!

Anorektische Patientinnen haben – wie viele andere psychisch kranke Menschen auch – ein begrenztes und rigides Verhaltensrepertoire. Dieses aber beherrschen sie perfekt. Je enger das Verhaltensrepertoire der Patientin ist, desto stärker dominiert es soziale Beziehungen; das heißt, auch die jeweiligen Rollenpartner sind auf ein enges Reaktionsrepertoire begrenzt. Anorektische Frauen binden auch ihre Sozialpartner in immer wieder die gleichen stereotypen Verhaltensweisen ein und verunmöglichen sich dadurch selbst, neue Erfahrungen zu machen.

Nur Interventionen, die den bisherigen Erfahrungen der Patientin zuwiderlaufen und ihr keine Möglichkeit lassen, Verhaltensstereotypien weiter zu zeigen, fordern sie zu neuem, alternativem Verhalten heraus. Beier & Young (1984) nennen solche Interventionen a-sozial: a-soziale therapeutische Interventionen weichen von den sozial üblichen und erlernten Reaktionen auf das gestörte Verhalten ab und ermöglichen damit der Patientin, Neues auszuprobieren.

Zwei typische Verhaltensmuster seien hier beispielhaft erwähnt:

Eine der wesentlichen und immer wiederholten Erfahrungen von magersüchtigen Frauen ist es, daß ihre soziale Umwelt sie zum Essen bewegen möchte. Ob durch Zwang, List, besonders nette Zubereitung von (früheren) Lieblingsspeisen – der Erfindungsreichtum von Sozialpartnern einer Magersüchtigen ist hier im allgemeinen nahezu grenzenlos. All diese Bemühungen führen bei der Magersüchtigen zu dem stereotypen Verhalten Nichtessen. Dieses wiederum fordert die Umgebung zu einer weiteren Vervollkommnung ihrer Methoden heraus, was wiederum lediglich Verweigerung hervorruft. Versuchen auch TherapeutInnen die Patientin zum Essen zu bringen, so reihen sie sich in eine Schar von Verlierern ein.

In den meisten Fällen erweist es sich daher als günstig, sich als Therapeutin nicht in die Frage des Essens einzumischen – zumindest nicht solange, wie die Frage des Essens oder Nichtessens noch einen funktionalen Wert in den Beziehungen der Patientin hat. Im späteren Verlauf der Therapie werden Fragen über Art und Weise des richtigen Essens als reine Informationsfragen auftauchen; zu diesem Zeitpunkt hat sich dann häufig eine Diätberatung als sehr hilfreich erwiesen.

Ein anderes, sehr beliebtes anorektisches Interaktionsmuster ergibt sich aus der Aufforderung der Patientin zum Wettkampf um die Frage: „Wer ist der/die Beste?". Dies nicht nur da, wo es um Essen bzw. Nichtessen geht. Anorektische Patientinnen sind dafür bekannt, daß sie therapeutische Teams spalten, die Teilnehmer in Gruppen gegeneinander aufstacheln, untereinander konkurrieren, um jede Kleinigkeit feilschen. Sie sagen der Ergotherapeutin, sie sei die Beste, und deuten beim Sporttherapeuten an, daß es toll wäre in der Klinik, wenn alle, z. B. auch die Ergotherapeutin, sie so gut verstehen würden wie er – und schon gibt's den schönsten Krach in der Supervision.

TherapeutInnen, die der Patientin beweisen wollen, daß sie besser sind, sprich: stärker als sie mit ihrer Anorexie, haben noch allemal verloren. Wenn mehrere Teammitglieder mit einer Patientin arbeiten, so ist es wichtig, daß sie sich in ihren Strategien miteinander absprechen und gemeinsam einen a-sozialen Plan entwickeln und realisieren.

Sich nicht an falschen Lösungsversuchen beteiligen!

Dieses Prinzip ist natürlich nicht unabhängig vom vorherigen, dem A-sozial-Sein. Aber angesichts einer Störung, bei der – aus kommunikationstheoretischer Sicht – alle Arten von Fehllösungen ergriffen werden, scheint eine gesonderte Betrachtung gerechtfertigt.

Zum Prinzip, sich nicht am Versuch der Lösung falscher Lösungsversuche zu beteiligen, gehört als erstes, Verleugnungen nicht mitzumachen. Dieses Prinzip wird in der Therapie, meines Erachtens besonders in der Verhaltenstherapie, häufig massiv mißachtet. Gerade VerhaltenstherapeutInnen neigen dazu und raten auch Eltern, anorektische Symptome zu löschen. Sie können bis zum Sankt-Nimmerleins-Tag löschen, denn angesichts der Tatsache, daß die Leugnungen Teil eines komplexen Systems sind, wird die angebliche Löschung zum Verstärker. Wir werden als TherapeutInnen ständig in Verleugnungs-Situationen hereingezogen: durch Patientinnen etwa, die, während sie über Magenschmerzen klagen und darüber, daß sie gar nichts essen können, sich die dritte Zigarette in der Therapiestunde anstecken. Oder durch diejenigen, die niemals ohne eine prallvolle Tüte mit Lebensmitteln auch nur den kleinsten Spaziergang unternehmen.

Oder durch diejenigen, die mit der fast leergetrunkenen Literflasche Cola-light über Schlafstörungen jammern. Ein Verbot von Cola-light im Therapievertrag oder so zu tun, als ob man die Colaflasche im Arm nicht sähe – beides sind gleichermaßen unfruchtbare therapeutische Interventionen. Beides sind Strategien der Verleugnung. Notwendig ist vielmehr, therapeutische Situationen zu schaffen, in denen Verleugnungen sowenig als eben möglich eine Rolle spielen können und ihnen da, wo sie nicht zu verhindern waren, meta-kommunikativ zu begegnen.

Mehr noch als die Verleugnungen spielen in der Therapie die Paradoxien eine Rolle. Nur zu häufig ist bereits das Beziehungsangebot bzw. die Definition der therapeutischen Beziehung, so wie sie die Patientin einbringt, ein Paradox. Und zwar das Paradox: „Hilf mir, und laß mich alles selber machen".

Diesem Paradox ist nicht dadurch zu begegnen, daß man versucht, ihm nachzukommen. TherapeutInnen, die dies tun, werden innerhalb kürzester Zeit zum Spielball der Patientin – mit einem resignativen Ausgang für beide. Vielmehr ist es wichtig, bei Patientinnen mit anorektischen Störungen als Therapeutin einen festen Rahmen zu geben, das heißt von sich aus zu sagen, an welcher Stelle man bereit ist zu helfen und an welcher man die Verantwortung ausschließlich der Patientin überlassen wird. Die Verantwortung dafür, daß die so von der Therapeutin gestellten Grenzen und Abmachungen eingehalten werden, liegt bei der Therapeutin. Ebenso liegt bei ihr auch die Verantwortung dafür, daß die Kommunikation offen ist. Anorexie-Patientinnen haben eine offene, konkrete, nicht-verleugnende und nicht-paradoxe Kommunikation nicht gelernt. Es wird ihnen somit auch nicht möglich sein, diese zu Beginn gegenüber der Therapeutin zu realisieren. Um so notwendiger, daß die Therapeutin ihrerseits ein Modell und eine Orientierungshilfe ist.

Auf ein weiteres wichtiges anorektisches Paradox, das in der Therapie häufig eine Rolle spielt, haben Klessmann & Klessmann (1988) hingewiesen. Dieses steckt in der elterlichen Botschaft: „Werde erwachsen und bleibe unser liebes Kind". Geht es mit der Therapie anscheinend gut voran, so sollte man sehr wachsam überprüfen, ob die Patientin hier nicht dem Teil der Botschaft „bleibe unser liebes Kind" gehorcht. Klessmann & Klessmann weisen zu Recht darauf hin, daß diese Gefahr insbesondere bei stationären Aufnahmen gegeben ist. Daß manches im stationären Setting funktioniert, liegt oft gerade nicht daran, daß die Patientin gesund werden möchte, sondern daran, daß sie als liebes Kind gehorcht, in die Klinik geht und da das tut, was von ihr verlangt wird. Da sie aus dieser auch wieder als Kind zurückkehren muß, bleibt sie so lange in der Klinik, bis sie wieder zurück darf – um dann zu Hause dem unverändert bestehenden Paradox ausgesetzt zu sein und weiterhin mit der Lösung Anorexie zu antworten.

Albert Schweitzer soll einmal in Lambarene, als man von ihm wissen wollte, worauf der Erfolg der Medizinmänner zurückzuführen sei, geantwortet haben:
„Wir müssen dem Arzt, der als Untermieter in jedem Patienten wohnt, zum Recht verhelfen, dringend notwendige Reparaturen auf eigene Kosten auszuführen."
Diese Information entnehme ich Hermann Burgers Roman ‚Die künstliche Mutter' (1982). Der Dichter und der große Arzt haben damit genau das zusammengefaßt, was ich in diesem Kapitel ausführen wollte.

12. Die therapeutische Beziehung

Da ich die therapeutische Beziehung für das A und O in der Behandlung anorektischer Frauen halte, zieht sich dieses Thema wie ein roter Faden durch das Buch. Ich möchte ihm dennoch ein gesondertes Kapitel widmen; nicht nur, weil doppelt genäht auch bei roten Fäden besser hält, sondern auch, um noch einige in den anderen Kapiteln nicht erwähnte Aspekte zu beleuchten.

Die treffendste Formulierung für die Art der therapeutischen Beziehung mit anorektischen Frauen fand (natürlich) Hilde Bruch: Therapeut und Patientin sollen ihr zufolge Kollaborateure sein, die sich auf die Suche nach Unbekanntem begeben („true collaborators in the search of unknown facts" 1973, S. 338).

Es gibt demnach nicht eine wissende Therapeutin auf der einen und eine kranke Patientin auf der anderen Seite, sondern beide stehen gemeinsam vor einer großen Verwirrung und begeben sich gemeinsam an die Arbeit, diese aufzulösen.

Aus dieser Haltung heraus wird es leicht, die für die therapeutische Veränderung notwendigen Variablen einfühlendes Verstehen, Akzeptanz, Wärme und Echtheit zu realisieren. Diese Variablen werden immer wieder von TherapeutInnen unterschiedlichster Provenienz erwähnt, neben Bruch (1973, 1980) z.B. von Garner & Bemis (1985), Crisp (1980), Lawrence (1978). Auch ehemalige Patientinnen (vgl. Kap. 9) nannten mit hoher Präferenz diese Variablen als wesentlich für ihren Genesungsprozeß.

Auf die Variablen *einfühlendes Verstehen* und *Akzeptanz* bin ich im vorigen Kapitel über allgemeine therapeutische Prinzipien ausführlich eingegangen. Ich möchte daher an dieser Stelle lediglich auf einige Aspekte hinweisen, die die Realisierung dieser Variablen in der Interaktion mit der anorektischen Frau manchmal erschweren können.

Einfühlendes Verstehen und Akzeptanz bedeuten auch, die negative Selbstbewertung der Patientin zu akzeptieren, sich mit ihr in ihre destruktive Gefühlswelt einzufühlen. Dieser Punkt macht TherapeutInnen sehr häufig Probleme. In ihrer Sympathie für die Patientin, in ihrer Zuversicht, daß sie ihre Probleme schon lösen wird, können sie dann deren tiefe Gefühle von Unzulänglichkeit, Nutzlosigkeit und ihre selbstzerstörerischen Zweifel nicht wahrnehmen oder wahrhaben. Die Folge ist, daß die Patientin sich zutiefst unverstanden fühlt, was sie im Rahmen ihrer internalen Attributionsweise natürlich als zusätzliches Versagen, als zusätzliche Schuld interpretiert.

Und noch einmal sei es wiederholt: Es geht *nicht* darum, als Therapeutin die schlechte Meinung der Patientin über ihre Person zu teilen. Aber es geht darum, ihr zu vermitteln, daß man versteht und akzeptiert, daß *sie sich* so wahrnimmt.

Daraus, daß die anorektische Frau so wenig von sich hält, resultiert meines Erachtens auch, daß sie immer wieder einmal im Verlauf der Therapie aggressiv, manchmal ziemlich garstig reagiert. Mir scheinen dies Krisen zu sein, Einbrüche, in denen die Patientin das therapeutische Beziehungsangebot nicht aushält. Sie muß dann noch einmal zeigen, daß bei ihr Hopfen und Malz verloren ist. Und sie testet damit gleichzeitig ab, daß aus der therapeutischen Beziehung, aus der Nähe keine Ansprüche abgeleitet werden, „eine andere" zu werden oder „wie eine andere" zu empfinden.

Ich jedenfalls kann mich an kaum eine Therapie erinnern, in deren Verlauf ich nicht zumindest einen handfesten Krach mit der Patientin gehabt habe. Hatten wir diese Sache ausgestanden, waren die Grenzen zwischen uns noch einmal deutlich gezogen, so war unsere Beziehung immer um ein gutes Stück stabiler geworden. Das Zögern der Patientin, sich auf die therapeutische Beziehung einzulassen, sowohl zu Beginn als auch immer wieder in deren Verlauf, ist zumeist Ausdruck ihres tiefen Mißtrauens gegenüber Beziehungen überhaupt. Ein Krach mit der Therapeutin kann somit auch als Übungssituation verstanden werden, in der die Patientin ihr bisher nicht zur Verfügung stehende Reaktionen austestet.

Noch ein letzter Aspekt zu den Variablen einfühlendes Verstehen und Akzeptanz: Wenn das therapeutische Angebot lautet: Versuche herauszufinden, was *du* möchtest, dann bedeutet Akzeptanz auch, sich auf das Tempo einzulassen, mit dem die Patientin den therapeutischen Prozeß gestaltet, und vor allen Dingen auch, die Mittel zu akzeptieren, mit denen sie versucht, das für sie Richtige herauszufinden. Hier ist man vor Überraschungen nicht sicher! Anorektische Patientinnen brauchen häufig sehr viel Spielraum zum Ausprobieren, und es ist manchmal höchst verwunderlich, auf welche Ideen sie kommen. Hier helfen (der Therapeutin!) Humor, Geduld und Zuversicht. Und außerdem das Wissen, daß anorektische Patientinnen in aller Regel nichts haben ausprobieren dürfen. Wenn mich angesichts von über die Maßen merkwürdigen Plänen oder tatsächlichen Veränderungen Verwunderung anficht, fällt mir manchmal eine Patientin ein, die sich folgendermaßen erinnerte:

„Wir hatten als Kinder immer die Freiheit zu wählen, was wir machen wollten. Aber wenn wir einmal Interesse für etwas bekundet hatten, dann mußte das auch durchgezogen werden: Flöten, Schwimmen, Turnen-AG. Abbrechen gab's nicht. Und das ist so weit gegangen, daß ich mir selber das angekreidet habe. Ich hab Sachen bis zum Absurden getrieben. Später dann, während des Studiums, weiter geflötet, obwohl ich wußte, ich eigne mich überhaupt nicht zum Flöten. Ich hatte es aber einmal angefangen. Dasselbe mit Latein. Ich hatte es einmal angefangen, dann wurde es bis zu Ende gemacht, und wenn es noch so'ne Quälerei war und mir die Kraft für andere Sachen gefehlt hat."

Warum soll sie jetzt nicht in der einen Woche wie Madonna aussehen und in der nächsten in wallenden anthroposophischen Gewändern daherschreiten? Und auch wenn die Begeisterung für die Wasserschildkrötenzucht nur vorübergehend ist – wichtig ist, daß sie erfahren darf: Ich entscheide, was ich tue und was ich lasse und trage dafür die Verantwortung.

In bezug auf die *emotionale Wärme* ist es wichtig, daß man nicht zuviel des Guten tut. Anorektische Patientinnen fühlen sich leicht bedrängt, und ihr Wunsch nach einer gewissen emotionalen Distanz sollte dringend respektiert werden. Ich stimme mit Klessmann & Klessmann überein, die es für eine der wichtigsten therapeutischen Maßnahmen halten, „die Balance zu finden zwischen persönlicher Empathie und sachlicher Distanz" (1988, S. 83). Anorektische Patientinnen haben es nicht gelernt, mit Nähe und Distanz umzugehen. Es ist daher Aufgabe der Therapeutin, die Grenzen klar zu machen und zu wahren.

Eine ganz besonders wichtige Variable im Kontakt mit anorektischen Patientinnen ist die *Echtheit* der Therapeutin. Anorektische Patientinnen sind ungeheuer sensibel für Falschheiten. Doch sie haben nicht gelernt, konstruktiv mit ihnen umzugehen. Falschheiten, unechtes Verhalten des Gegenüber, führen bei ihnen zu Verwirrung und Rückzug, nicht zu einer Klärung der Situation. Eine vertrauensvolle Beziehung kann somit nur entstehen, wenn die Patientin erfährt, daß die Therapeutin echt und offen ist.

Echtheit der Therapeutin ist darüber hinaus besonders wichtig, weil die Patientinnen häufig in ihren Familien kein Modell für echtes Verhalten haben. Da sich die familiären Verhaltensmaximen mehr an äußerem Ansehen als an innerem Wohlbefinden ausrichten und es häufig gilt, eine Lebenslüge der Eltern zu verbergen (vgl. Kap. 4), kommt es in diesen Familien zu zahlreichen Un-Echtheiten. Um so wichtiger ist, daß die Patientin in der Therapeutin ein Modell für alternatives Verhalten hat.

Die Frage, ob man als Therapeutin für anorektische Patientinnen hilfreich sein kann oder nicht und damit sicher auch die Frage, ob man gerne mit diesen Patientinnen arbeitet oder nicht, hat sehr viel damit zu tun, wieviel Kontrolle die Therapeutin ausüben will oder muß. Als ein Motiv für die Bereitschaft, Kontrolle auszuüben, wird in der Literatur häufig die Angst von TherapeutInnen angesichts dieser selbstzerstörerischen Krankheit genannt. Sicher gibt es diese Angst. Es liegt mir fern, sie als Unsinn zu deklarieren oder als Vorwand. Doch ich halte es für eine wichtige therapeutische Aufgabe, die Angst auf ihre Realitätsangemessenheit zu überprüfen – sowohl in bezug auf die Erkrankung Anorexie überhaupt als auch in bezug auf jede einzelne Patientin.

Menschen, die hungern, machen Angst. Aus diesem Grund ist der Hungerstreik schon immer ein wirksames Motiv zur Durchsetzung von Interessen gewesen. TherapeutInnen, insbesondere ÄrztInnen, sind durch Hungernde besonders in Angst versetzt, da sie es ja als ihre Aufgabe übernommen haben, Leben zu schützen und gegebenenfalls zu retten. Doch sie müssen lernen, sich mit dieser Angst auseinanderzusetzen. Diese dadurch in den Griff bekommen zu wollen, daß die PatientInnen kontrolliert und rigiden Plänen unterworfen werden, bedeutet für diese lediglich eine Neuauflage der bekannten häuslichen Situation und führt daher mit hoher Wahrscheinlichkeit zu einer Verfestigung der Symptomatik.

Ich bin darüber hinaus der Überzeugung, daß es neben der Angst ein anderes Motiv gibt, das die Bereitschaft, Kontrolle auszuüben, erhöht. Dieses zweite Bedürfnis, das TherapeutInnen sich in der Regel sehr viel schlechter zugestehen können als ihre Angst, ist das nach Macht. Die Wut und die Verbissenheit, mit der TherapeutInnen häufig über anorektische Patientinnen sprechen und schreiben, ist beredtes Zeugnis eines frustrierten Machtbedürfnisses und drückt Zorn aus über die, die einfach nicht tun wollen, was sie, die TherapeutInnen, als gut und richtig erkannt haben.

Es gibt Experten der Anorexie, die die Therapie mit anorektischen Frauen als permanenten Kampf beschreiben, als Aneinanderreihung von krisenhaften Auseinandersetzungen zwischen Therapeut und Patientin (Meermann & Vandereycken 1987).

Das Traurige ist, daß sie offenbar nicht sehen, in welche Falle sie geraten.

Ein Machtkampf mit der Patientin ist immer ein Zeichen da-

für, daß die Therapeutin sich in das anorektische System hinein-
begeben hat. Sie betritt Terrain, das die Patientin mit aller Kraft
absichern, verteidigen will. Offensichtlich fühlt sich die Patientin
bedroht und fürchtet, die Kontrolle zu verlieren – ihre schlimm-
ste Angst angesichts ihrer lebenslangen Erfahrung, an Fremdbe-
dürfnissen entlang gelenkt zu werden (vgl. Klessmann & Klessmann 1988; Ziesat & Ferguson 1984).

Ein Machtkampf ist somit keineswegs notwendigerweise eine
Katastrophe, sondern er kann ein wichtiges Signal dafür sein,
daß man einen für die Patientin sehr sensiblen Bereich tangiert.
Gelingt dann der Schritt auf die meta-kommunikative Ebene,
d. h. gelingt es herauszufinden, was da warum passiert ist, so
kann der Kampf in einen therapeutischen Fortschritt münden,
bietet er doch eine Chance, anorektisches Verhalten in der therapeutischen Beziehung zu überwinden. Dieser Schritt muß natürlich von der Therapeutin ausgehen, da die Patientin hierzu in
aller Regel nicht in der Lage ist. Kann auch die Therapeutin nicht
auf ihre Kampfposition verzichten, so entsteht die nächste Krise.

Eine mich sehr ansprechende Beschreibung des therapeutischen Verhaltens stammt von den beiden Pädiatern Strober und
Yager. Sie gehen weniger von psychotherapeutischen Kenntnis-
sen aus als von ihren ärztlichen Erfahrungen im Umgang mit
Jugendlichen – ihre Ratschläge sind daher erfrischend pragmatisch und entdramatisiert.

Strober & Yager zufolge muß der Therapeut zunächst sehr
gute Kenntnisse über das Krankheitsbild der Anorexie haben
und in der Lage sein, Sorgen der Patientin und ihrer Familie
kompetent und offen zu beantworten. Daneben müsse er zuverlässig erscheinen, eine Atmosphäre von Vertrauen und Wärme
aufbauen können und extrem viel Geduld mitbringen. Und sie
fahren fort:

"The treatment of anorexics is tedious and patchy. The therapist must be
able to keep in check any impulse to blame or scold – to see the patient
as stubborn, spoiled, or manipulative – or to act precipitously to alle-
viate the patient's suffering with promises or quick remedies. He or she
must also be intuitive, and must know how to monitor and pace inter-

ventions – when to probe gently and when to hold back and wait patiently. Above all, the therapist must evidence genuine spontaneity and humor, along with a flair for the dramatic – characteristics deeply felt and shared by adolescents generally, and needing to be evoked in the anorexic. Thus, the therapists who tend toward strict neutrality and distance, who are rigid, who are put off by challenges and provocation, or who require some tangible evidence of the fruits of their labor may be ill-suited for work with this population, and are well advised to avoid it." (1985, S. 375)[1]

Den Abschluß dieses Kapitels bildet ein längerer Ausschnitt aus Franz Kafkas ‚Ein Hungerkünstler'. Von der Reaktion des Hungerkünstlers auf seine Wächter können wir als TherapeutInnen viel lernen:

> „Außer den wechselnden Zuschauern waren auch ständige, vom Publikum gewählte Wächter da, merkwürdigerweise gewöhnlich Fleischhauer, welche, immer drei gleichzeitig, die Aufgabe hatten, Tag und Nacht den Hungerkünstler zu beobachten, damit er nicht etwa auf irgendeine heimliche Weise doch Nahrung zu sich nehme. Es war das aber lediglich eine Formalität, eingeführt zur Beruhigung der Massen, denn die Eingeweihten wußten wohl, daß der Hungerkünstler während der Hungerzeit niemals, unter keinen Umstän-

---

[1] „Die Behandlung anorektischer Patientinnen ist mühsam und verdrießlich. Der Therapeut muß jeden Impuls, die Patientin als bockig, verwöhnt oder manipulierend zu beschuldigen oder zu beschimpfen, im Keim ersticken. Er darf auch nicht überstürzt handeln, um das Leiden der Patientin mit Versprechungen oder mit Wundermitteln zu verkürzen. Dazu muß er oder sie intuitiv sein und wissen, wie man angemessen und im richtigen Tempo interveniert – wann man vorsichtig etwas versuchen kann und wann man sich besser zurückhält und geduldig wartet. Am wichtigsten aber ist, daß man echte Spontaneität und Humor vermittelt – und das gepaart mit einem Sinn für das Dramatische. Heranwachsende haben im allgemeinen ein sehr feines Gespür für diese Eigenschaften und erleben sie mit. Bei anorektischen Patientinnen müssen sie geradezu beschworen werden. Kurz, TherapeutInnen, die zu stikter Neutralität, Distanz und Rigidität neigen, die sich von Herausforderungen und Provokationen abschrecken lassen oder die einen handfesten Beweis für die Früchte ihrer Arbeit brauchen, sind für die Arbeit mit dieser Population schlecht ausgestattet und wären gut beraten, sie zu meiden." (Übers. von der Verfasserin)

den, selbst unter Zwang nicht, auch das geringste nur gegessen hätte; die Ehre seiner Kunst verbot dies. Freilich, nicht jeder Wächter konnte das begreifen, es fanden sich manchmal nächtliche Wachgruppen, welche die Bewachung sehr lax durchführten, absichtlich in eine ferne Ecke sich zusammensetzten und dort sich ins Kartenspiel vertieften, in der offenbaren Absicht, dem Hungerkünstler eine kleine Erfrischung zu gönnen, die er ihrer Meinung nach aus irgendwelchen geheimen Vorräten hervorholen konnte. Nichts war dem Hungerkünstler quälender als solche Wächter; sie machten ihn trübselig; sie machten ihm das Hungern entsetzlich schwer; manchmal überwand er seine Schwäche und sang während dieser Wachzeit, solange er es nur aushielt, um den Leuten zu zeigen, wie ungerecht sie ihn verdächtigten. Doch half das wenig; sie wunderten sich dann nur über seine Geschicklichkeit, selbst während des Singens zu essen. Viel lieber waren ihm die Wächter, welche sich eng zum Gitter setzten, mit der trüben Nachtbeleuchtung des Saales sich nicht begnügten, sondern ihn mit den elektrischen Taschenlampen bestrahlten, die ihnen der Impresario zur Verfügung stellte. Das grelle Licht störte ihn gar nicht, schlafen konnte er ja überhaupt nicht, ein wenig hindämmern konnte er immer, bei jeder Beleuchtung und zu jeder Stunde, auch im übervollen, lärmenden Saal. Er war sehr gerne bereit, mit solchen Wächtern die Nacht gänzlich ohne Schlaf zu verbringen; er war bereit, mit ihnen zu scherzen, ihnen Geschichten aus seinem Wanderleben zu erzählen, dann wieder ihre Erzählungen anzuhören, alles nur, um sie wach zu halten, um ihnen immer wieder zeigen zu können, daß er nichts Eßbares im Käfig hatte und daß er hungerte, wie keiner von ihnen es könnte. Am glücklichsten aber war er, wenn dann der Morgen kam und ihnen auf seine Rechnung ein überreiches Frühstück gebracht wurde, auf das sie sich warfen mit dem Appetit gesunder Männer nach einer mühevoll durchwachten Nacht.‘‘

13. Praktische Aspekte von Diagnostik und Indikation

Diagnostik

In der klinischen Praxis gestalten sich die konkreten diagnostischen Fragestellungen sehr heterogen, je nachdem, welcher Berufsgruppe man angehört und in welchem Setting man arbeitet. PsychologInnen werden es in der Regel mit Patientinnen zu tun haben, bei denen sich die Diagnose entweder direkt aufdrängt oder bereits ärztlicherseits gestellt ist. In der allgemeinärztlichen Versorgung dagegen gibt es deutlich mehr Patientinnen, die wegen völlig anderer Gründe als einer Eßstörung den Arzt konsultieren: etwa wegen Müdigkeit, Schwindel, Magenbeschwerden, Durchfällen. Angesichts des geringen Bekanntheitsgrades der Anorexie war es bis vor einigen Jahren noch durchaus häufig, daß diese Patientinnen nicht als anorektisch erkannt wurden. Bei Patientinnen, die schließlich in einer psychologischen Praxis oder psychosomatischen Klinik „landeten", ließ sich häufig eine erstaunlich lange Karriere von Arztbesuchen und Fehlbehandlungen mit blutdrucksteigernden Mitteln, Rollkuren oder hormoneller Medikation feststellen. Dieses mangelnde Wissen über die Symptomatik hat die Patientinnen dann wohl auch in den Ruf gebracht, daß sie „in die Gruppe der überprivilegierten Manipulatoren, Lügner und Betrüger gehören . . ., die die ärztliche Aufmerksamkeit mißbrauchen" (Naish 1979, zit. nach Meermann & Vandereycken 1987, S. 19).

Die diagnostische Situation hat sich hier in den letzten Jahren gründlich geändert. Magersucht ist ein Thema in Jugend- und Frauenzeitschriften, sie ist ein in den meisten Schulen bekanntes

Phänomen, und die meisten ÄrztInnen dürften zumindest davon gehört haben. Es dürfte dennoch weiterhin nicht sehr selten sein, daß etwa eine 14jährige, die über Müdigkeit und Schwindel klagt und auch darüber, daß sie nicht mehr so gut essen könne, mit einigen guten Ratschlägen, dem Hinweis auf Entwicklungsprobleme und einem Rezept für Vitamintabletten aus der ärztlichen Praxis entlassen wird. Die in der Regel lange Karriere von Arztbesuchen anorektischer Patientinnen zeigt, daß sie Hilfe suchen. Aber sie sind nicht in der Lage, ihre Probleme offenzulegen, sondern sie nutzen im Gegenteil die medizinischen Hilfsangebote zur Verfestigung einer somatischen Symptomatik und damit zur Verschleierung des eigentlichen Krankheitsbildes.

Wobei – dies eine Nebenbemerkung – es für mich offen bleibt, ob es nicht für manche 14jährige durchaus günstig sein kann, daß die Ärztin ihr gut zuredet, ihre körperlichen Symptome als vorübergehend deutet, mit ihr ein wenig über die Lehrer schimpft und sie ermuntert, sich am nächsten Wochenende einen schönen Ausflug zu gönnen, statt für die nächste Arbeit zu büffeln. Diät halten und schlank werden ist zur Zeit ein bei jungen Mädchen so weit verbreitetes Phänomen, daß zu frühes Hellhörigwerden für eine mögliche anorektische Entwicklung sicherlich auch negative Konsequenzen haben kann. Die Anorexie-Patientinnen haben Angst um sich; die Angst, eine Magersucht zu entwickeln, ist sicher nicht hilfreich, sondern eher geeignet, im Sinne einer self-fulfilling-prophecy kontraproduktiv zu wirken.

Aspekte der medizinischen Diagnostik sind ausführlich bei Meermann & Vandereycken (1987) beschrieben. PsychologInnen, die mit anorektischen Patientinnen eine Behandlung beginnen, müssen sicherstellen, daß eine medizinische Diagnostik stattgefunden hat. Es steht gänzlich außer Zweifel, daß eine psychologische Diagnostik bei dieser Erkrankung nicht ausreichend ist.

Mittel der psychologischen Diagnostik sind Fragebogen und diagnostisches Gespräch. Inwieweit Fragebogen verwendet werden, hängt weitgehend vom Usus der jeweiligen Institution oder Behandlerin ab. Ich persönlich sehe in ihnen keinen Gewinn.

Fragen, die sich direkt auf das Eßverhalten und den Körper beziehen, werden mit hoher Wahrscheinlichkeit wenig zuverlässig beantwortet. Und bei anderen Items, zum Beispiel denen nach Sozialverhalten, Familienatmosphäre und sonstigen Aktivitäten, kann man davon ausgehen, daß angesichts der Ängste der Patientinnen, sich zu erkennen zu geben, das Spektrum der sogenannten Antworttendenzen von sozialer Erwünschtheit bis „Hello-good-bye" voll ausgeschöpft wird.

Wie im einzelnen und mit welcher spezifischen Zielrichtung das diagnostische Gespräch geführt wird, hängt von den therapeutischen Methoden, die in der jeweiligen Institution bzw. von der Behandlerin verwendet werden, ab. Das Gespräch sollte somit den gemeinhin zur Anwendung kommenden Prinzipien folgen. Anorexiespezifische Aspekte sollten keine größere Rolle spielen als spezifische Aspekte irgend eines anderen Störungsbildes.

Natürlich muß man die Symptome des Krankheitsbildes gut kennen. Zum einen, um danach fragen und sie in ihrer Relevanz einordnen zu können, zum zweiten aber auch, weil die anorektische Patientin die Kompetenz ihres Gegenübers sehr genau prüft und auf die Probe stellt. Ganz besonders wichtig ist es, jedwedes Erstaunen zu unterlassen. Patientinnen, denen ihre Erkrankung selbst sehr unheimlich ist, fühlen sich hierdurch in ihrer Angst bestärkt. Häufiger jedoch sind meiner Erfahrung nach Patientinnen, die dazu neigen, ihre Krankheit und/oder ihre ganze Person als sehr schlimm und verkorkst darzustellen. Sie testen hiermit ab, inwieweit die Therapeutin belastbar ist bzw. ob sie Angst hat oder wie leicht sie hinters Licht zu führen ist. Bevor sie sich wirklich einer anderen Person anvertrauen, müssen sie erst deren Standfestigkeit prüfen – und eine Therapeutin, die sich vom Bizarren der anorektischen Symptomatik faszinieren oder erstaunen läßt, kann keine ausreichende Stütze bieten.

Fragen nach Art und Menge der Nahrungsaufnahme halte ich in vielen Fällen für überflüssig, in den meisten für falsch. Zum einen, weil die Angaben sowieso nicht zuverlässig sind. Zum zweiten aber, und das ist der wichtigere Grund, weil man mit derartigen Fragen nur das der Patientin bekannte Muster aus Familie, Bekanntenkreis, ärztlichen Kontakten und ähnlichem festschreibt. Ich sage der Patientin in der Regel, daß „Essen" ein Thema ist, mit dem wir uns im Verlauf der Therapie sicherlich intensiv beschäftigen werden; ich fände es jetzt nicht das Wichtigste. Für geradezu notwendig halte ich dieses Vorgehen bei den Patientinnen, die das gesamte diagnostische Gespräch mit Themen des Essens und Ab- und Zunehmens führen wollen. Ihnen sage ich meistens, daß ich sie für eine absolute Expertin in bezug auf das Thema Essen halte und daß ich keine Lust habe, mich gleich im ersten Kontakt mit ihnen aufs Glatteis zu begeben.

Eine sehr wichtige diagnostische Frage ist dagegen, ob die Patientin sich zu dick, gerade richtig oder zu dünn findet. Die Antwort auf diese Frage ist nicht nur relevant im Hinblick darauf, ob eine Anorexie vorliegt, sondern auch, wie gravierend sie ist. Das Entscheidene an der Erkrankung Anorexie ist ja nicht der tatsächliche Gewichtsverlust (vgl. Kap. 2), sondern das Gefühl, zu dick zu sein bzw. die Angst, dick zu werden. Aus diesem Grunde ist die subjektive Bewertung der Patientin ein entscheidender Indikator für das Ausmaß der Erkrankung! Äußert eine extrem schlanke oder abgemagerte Frau Ängste vor dem Dickwerden, so ist dies ein wichtiger Indikator für das Vorliegen einer Anorexie.

Schwieriger ist die diagnostische Bewertung der Frauen, die sich zu dünn finden und ihrer Aussage zufolge gerne zunehmen möchten. Sie sollte man fragen, wieviel sie zunehmen und welches Gewicht sie erreichen möchten. Nennt die Patientin dann ein zwar niedriges, aber akzeptables Gewicht (am unteren Ende des sogenannten Idealgewichts), so kann man ihrem Wunsch meiner Erfahrung nach vertrauen. Denn es gibt durchaus Patientinnen, die über eine lange Zeit hin anorektisches Verhalten gezeigt haben, die sich aber wirklich verändern wollen und für die die Therapie ein konkreter Schritt in eine Richtung ist, die sie innerlich schon eingeschlagen haben.

Anders ist es mit Patientinnen, die ein bis zwei Kilo zunehmen möchten, deren Gewichtsangaben vage bleiben oder die sagen:

„Ja, so bis 50 Kilogramm" oder „Auf keinen Fall mehr als 50 Kilogramm". Unabhängig von der Größe der Patientin scheint „50 Kilogramm" so etwas wie eine magische anorektische Grenze zu sein. Ich wüßte nicht, daß dieses Thema bisher untersucht wäre; für mich sind die 50 Kilogramm mit der Zeit zu einer Art Schallgrenze geworden.

Patientinnen, die diese Grenze nicht überschreiten wollen, haben meiner Erfahrung zufolge ebensowenig wie diejenigen, die sehr wenig oder eine nicht definierte Menge zunehmen möchten, wirklich schon eine mögliche Veränderung für sich akzeptiert. Vielleicht ist es soziale Erwünschtheit, die sie den Wunsch nach Gewichtszunahme äußern läßt, vielleicht Druck von Eltern, dem Freund oder anderen wichtigen Bezugspersonen, vielleicht auch bereits eine verschwommene Einsicht, daß sie zu dünn sind – therapeutisch günstiger ist es in jedem Fall, davon auszugehen, daß dem verbal geäußerten Wunsch keine konkreten Schritte folgen werden.

Andererseits: Kann sich eine Patientin ein Gewicht von über 50 Kilogramm vorstellen, so ist das ein ernstzunehmender Hinweis darauf, daß sie wesentliche Teile des Weges aus der Krankheit bereits geschafft hat.

Im diagnostischen Gespräch sollte man sich als Therapeutin nicht auf die Suche nach Bizarrem begeben. Man kann davon ausgehen, daß zum Syndrom Anorexie ein breites Spektrum von Symptomen gehört, und die muß man nicht alle im ersten Gespräch kennenlernen wollen. Sehr intensives Fragen nach „noch mehr" Symptomen kann leicht zu einem Machtkampf ausarten: Die Therapeutin zeigt, was sie alles über die Anorexie weiß, die Patientin zeigt, wie krank sie ist, was sie noch alles auf Lager hat. Keine gute Ausgangsbedingung für eine kollaborative Beziehung!

Natürlich ist es wichtig, sich über die die wesentlichen Symptome der jeweiligen Patientin zu informieren. Die Fragen nach einzelnen anorektischen Symptomen sollten jedoch keine Ja-Nein-Antworten provozieren, sondern dem folgenden Muster entsprechen:

– *Wie häufig* erbrechen Sie pro Tag?
– Nehmen Sie zum Abführen Tabletten *oder* Tee?
– *Wie* stillen Sie ihren Bewegungsdrang, mit Radfahren, Schwimmen oder was tun Sie?

Auf Fragen wie:
– „Erbrechen Sie?"
– „Nehmen Sie Abführmittel?"
– „Bewegen Sie sich viel?"
folgt in der Regel ein Nein, und der Informationswert der Aussagen ist gleich Null. Fragen nach der Häufigkeit oder Intensität der Symptome, z. B. des Erbrechens jedoch, erleichtern denen, die erbrechen, den Einstieg in das Thema und verhindern mit höherer Wahrscheinlichkeit als Ja-Nein-Fragen ein Verleugnen oder Lügen. Und denen, die das Symptom nicht zeigen, bleibt allemal die Möglichkeit, dies zu sagen.

Indikation

Mindestens ebenso wichtig wie Fragen der Diagnostik sind die Fragen nach der Indikation, insbesondere im Hinblick auf eine ambulante oder stationäre Behandlung und die Art der Therapie als Einzel-, Paar- oder Familientherapie. Auch Fragen nach der therapeutischen Methode können durchaus zur Diskussion stehen.

Folgende Aspekte gilt es dringend zu berücksichtigen:

1. *Das Alter der Patientin und ihr Familienstand.* Bei sehr jungen Mädchen, die in der Familie leben, von dieser ökonomisch abhängig sind und auch auf längere Zeit bleiben werden, sollte die Möglichkeit einer Familientherapie überprüft werden.

Bei verheirateten Patientinnen sind die Vor- und Nachteile einer Paartherapie sorgsam abzuwägen: Kann den beiden Partnern soviel Eigenständigkeit zugetraut werden, daß sie es in der gemeinsamen Situation wagen, unterschiedliche Meinungen und Emotionen zu äußern? Wie sehen die Dominanzverhältnisse innerhalb der Beziehung aus? Wird es die anorektische Frau aushalten, dieses Verhältnis oder auch die Beziehung insgesamt im Beisein ihres Mannes in Frage zu stellen?

Bezüglich einer Einzeltherapie ist bei verheirateten Patientinnen vor allem zu prüfen, inwieweit sich der Ehemann durch die Therapie bedroht fühlen wird. Werden beide Partner die Separation aushalten bzw. die Tatsache, daß im Leben der Frau etwas passiert, was der Mann nicht kennt? Wird der Ehemann eine (noch stärkere) Koalition mit den Eltern der Frau eingehen?

2. *Die Wohnsituation.* Lebt die Patientin im Haus der Eltern, in einer anderen Stadt, in einem Internat?

Bei verheirateten Patientinnen ist es nicht unüblich, daß sie in einem gemeinsamen Haushalt mit Eltern oder Schwiegereltern leben. Falls die Patientin Kinder hat, ist zu überlegen, inwieweit diese in die Therapie einbezogen werden sollen oder auch, wer während eines eventuellen stationären Aufenthalts für sie sorgen wird.

Die Überlegungen zur Wohnsituation beeinflussen oft die Entscheidung für eine ambulante oder stationäre Behandlung. An vielen kleineren Orten ist ein kompetentes ambulantes Behandlungsangebot nicht verfügbar, so daß eine stationäre Aufnahme nahezu die zwangsläufige Folge ist. Oft jedoch ist auch bei vorhandenen ambulanten Möglichkeiten die stationäre Aufnahme die Methode der Wahl; dies z. B. dann, wenn die Patientin in einer an sich sehr vermaschten Familie bereits ein Stück Eigenständigkeit gewonnen hat, so daß wahrscheinlich ist, daß sie und ihre Familie die Separation während der Behandlung aushalten können.

Sind die Familienbande dagegen sehr eng, d.h. besteht Angst vor Trennung, so ist häufig eine ambulante Therapie die einzige Möglichkeit, die zu enge Beziehung mit der Zeit zu verändern (vgl. Klessmann & Klessmann 1988).

3. *Die Dauer der Erkrankung und die Art der therapeutischen Vorerfahrungen.* Frühere Erfolge und Mißerfolge müssen berücksichtigt werden, um die Behandlungsmotivation zu fördern und auch, um nicht wieder in alte Fallen zu tappen.

Frühere therapeutische Erfahrungen sind auch bezüglich der Wahl der therapeutischen Methoden wichtig. Hat die Patientin etwa gute Erfahrungen mit einer Individualtherapie gemacht, so sollte ihr die Möglichkeit zur Fortführung dieser Therapie gegeben werden. Bestehen jedoch schlechte Erfahrungen mit einer Methode, so empfiehlt es sich, die Zweifel der Patientin an einer möglichen Neuauflage des Mißerfolgs ernst zu nehmen. Es wird wenig hilfreich sein, die Mißerfolge nur der schlechten Durchführung einer eigentlich wirksamen Therapieform zuzuschreiben.

14. Therapeutische Settings und Methoden

Ich habe mehrmals betont, daß bei der Behandlung von anorektischen Patientinnen die therapeutischen Methoden weniger wichtig sind als die Beziehung und die Berücksichtigung allgemeiner therapeutischer Prinzipien. Diese Aussage möchte ich aber keinesfalls so verstanden wissen, daß ich therapeutische Methoden für unwichtig halte. Das Gegenteil ist der Fall: ich bin der Überzeugung, daß man nur dann effektiv therapeutisch arbeiten kann, wenn man sein Handwerk beherrscht. Dies ist gerade im Umgang mit anorektischen Patientinnen sehr wichtig, die hohe Ansprüche an die Kompetenz der BehandlerInnen stellen. Unsicherheiten ertragen sie nicht, sie machen ihnen Angst. Angesichts ihrer großen Sensibilität für den emotionalen Zustand ihres jeweiligen Gegenübers erspüren sie natürlich auch sofort Unsicherheiten und Ängste beim Therapeuten und reagieren darauf mit Rückzug. Wenn man somit mit anorektischen Patientinnen arbeiten möchte, sollte man eine fundierte therapeutische Ausbildung absolviert, möglichst einige Jahre an Erfahrung gesammelt haben und sich insbesondere in Symptomatologie und Ätiologie der Störung auskennen.

Darüber hinaus sollte man wissen, welche Verfahren sich in der Behandlung anorektischer Patientinnen bewährt haben, und sicherstellen, daß der Patientin ein entsprechend breites Angebot gemacht werden kann. Ich möchte in diesem Kapitel die Verfahren vorstellen, die mir besonders wichtig erscheinen. Zuvor möchte ich jedoch noch auf die eher übergeordneten Aspekte der stationären und ambulanten und der Einzel- und Gruppentherapie eingehen, bevor ich dann einzelne Methoden vorstelle.

Ambulante und stationäre Behandlung

Offensichtlich gehen die Therapiestudien zur Anorexie an der Versorgungsrealität vorbei. Empirische Untersuchungen wurden überwiegend im stationären Setting durchgeführt, doch es ist davon auszugehen, daß die Mehrzahl aller Patientinnnen in der ambulanten Praxis versorgt wird. In der von mir durchgeführten Befragung ehemaliger Patientinnen waren zwei Drittel aller, die in Behandlung gewesen waren, in ambulanter Behandlung. Da Statistiken aus dem ambulanten Bereich nicht vorliegen, habe ich versucht, Schätzwerte über die Zahl der in ambulanten Stellen behandelten anorektischen Frauen zu bekommen. Meiner sicher nicht repräsentativen Umfrage zufolge erhalten in Erziehungsberatungsstellen pro Jahr etwa 6–10, in großen Stellen bis zu 15 Mädchen und jüngere Frauen eine längerfristige Behandlung oder Therapie.

Auf die etwa 1 000 Erziehungsberatungsstelllen in der BRD (alte Länder) hochgerechnet bedeutet dies, daß dort pro Jahr etwa 6 000–10 000 Patientinnen behandelt werden. Frauenberatungsstellen gehen von 5–8 Patientinnen pro Jahr aus. Ganz offensichtlich also findet ein wesentlicher Teil der Versorgung im ambulanten Bereich statt. Auch die Pioniere der Anorexie-Therapie, Bruch, Minuchin und Selvini Palazzoli, haben im ambulanten Setting gearbeitet.

Obwohl somit die Impulse für die Therapie anorektischer Patientinnen aus der ambulanten Praxis gekommen sind, obwohl im ambulanten Bereich mehr Patientinnen versorgt werden und obwohl niemals überprüft wurde, ob im ambulanten Bereich vorwiegend Patientinnen mit leichteren Störungen behandelt werden, hat sich bezüglich des therapeutischen Settings eine allgemeine Meinung ausgebildet, die da lautet: In leichten Fällen ambulant, in schweren stationär. Sie wird auch gerne in Lehrbüchern zur Klinischen Psychologie kolportiert. Als Kronzeugin für diese „Indikationsregel" wird zumeist Hilde Bruch angeführt. Dabei diskutiert gerade Bruch sehr ausführlich die vielen individuellen Umstände, die bei der Frage nach dem geeigneten therapeutischen Setting berücksichtigt werden müssen. Auch verfällt sie nicht in die ansonsten so häufige Gleichstellung von „ambulant = in der Familie bzw. innerhalb des gewohnten sozialen Bereichs" und „stationär = außerhalb des alltäglichen Umfelds". Sie betont vielmehr, daß da, wo eine Trennung von der Familie sinnvoll erscheint, viele verschiedene Möglichkeiten offenstehen, wie z. B. Internat oder Umzug in ein Wohnheim.

Das Krankenhaus hält Bruch nur bei akuter Lebensgefahr für notwendig und dann, wenn der toxische Einfluß der Unterernährung einen abnormen psychischen Zustand aufrechterhält. In solchen Fällen hält sie eine internistische bzw. pädiatrische stationäre Behandlung für indiziert. Die Frage einer stationären Psychotherapie diskutiert Bruch überhaupt nicht (1980). Inhaltlich mit Bruch übereinstimmend, sogar im Wortlaut miteinander nahezu identisch, raten Selvini Palazzoli und Minuchin, eine Hospitalisierung zu vermeiden, wo es nur irgend geht und eine Alternative gibt. Als wesentliches Kriterium für die Aufnahme einer Patientin in eine stationäre Einrichtung sehen beide an, daß die ambulante Therapeutin zu große Angst hat, und somit der Patientin nicht mehr die Stärke geben kann, die diese für die eigene Gesundung und angesichts der Panik, die durch eine Veränderung der Patientin in der Familie entsteht, braucht. Ist die Therapeutin aber stark genug und überwindet sie ihre Angst, so können hieraus positive Elemente entstehen. Selvini Palazzoli schildert sehr anschaulich:

„Wenn sich aber, was häufig vorkommt, der Zustand der Patientin während der Psychotherapie verschlechtert, kann man, diese Erfahrung habe ich immer wieder gemacht, oft eine positive psychotherapeutische Beziehung herstellen, wenn man nur angesichts dramatischer Gewichtsverluste nicht in Panik gerät und das Risiko eingeht, die Patientin nicht ins Krankenhaus zu bringen, obwohl es die Angehörigen fordern. Sehr oft wird der Therapeut versucht sein, der Hospitalisierung der Patientin – die aus rein organischen Gründen immer zu rechtfertigen ist – um des eigenen Seelenfriedens willen zuzustimmen. Doch wenngleich die Hospitalisierung der Patientin körperlich zugute kommen mag, kann sie eine menschliche Beziehung zerstören, die wahrscheinlich eine weitaus entscheidendere, tieferreichende Wirkung hat" (1982, S. 141).

Soweit bisher empirische Erfolgskontrollen im ambulanten Bereich stattgefunden haben, weisen diese keinesfalls schlechtere Ergebnisse auf (vgl. Franke 1988).

Die meisten wurden an Institutsambulanzen in Großbritannien und in den USA durchgeführt (vgl. Dare 1982, 1984; Hall & Crisp 1987; Hendren et al. 1987), wobei alle Autoren betonen, daß sie die ambulanten Konzepte aus der Desillusionierung über die Möglichkeiten stationärer einzeltherapeutischer Behandlung entwickelt hätten. Aus der BRD ist mir neben Kasuistiken nur eine Untersuchung mit einer größeren Stichprobe bekannt, und zwar mit 109 Patientinnen, die Edda und Horst-Alfred Klessmann in 15 Jahren behandelten. Die Ergebnisse ihrer Katamnese werden folgendermaßen zusammengefaßt:

„Diese ‚materiellen, äußerlichen‘ Daten könnten dafür sprechen, daß der ambulante Modus zumindest nicht hinter dem klinischen zurückstehen muß" (Klessmann & Terp 1985, S. 156).

Die Frage der ambulanten versus stationären Therapie ist somit sicher keine der Schwere der Erkrankung, sondern eine der Indikation (vgl. Kap. 13). Die stationäre Therapie hat meines Erachtens gegenüber der ambulanten nur einen generellen Vorteil: sie kann im Rahmen eines multiprofessionellen Teams eine Behandlung anbieten, in der sowohl die körperlichen als auch die psychischen Aspekte berücksichtigt werden und in der die Patientin im Rahmen der verschiedenartigsten Angebote die Möglichkeit hat, sich auszuprobieren. Ein solches Angebot im ambulanten Bereich bereitzustellen, ist nicht unmöglich, aber zumeist sehr schwierig.

Einzel- und Gruppentherapie

In der frühen Literatur über Therapie von anorektischen Patientinnen wird vor gruppentherapeutischen Verfahren gewarnt. Die Patientinnen seien zu egozentrisch, könnten sich nur auf sich selbst konzentrieren, seien nicht in der Lage, über sich und ihre

Gefühle zu sprechen, und nutzten die Gruppe vorwiegend als Wettbewerbsplatz dafür, wer nun die Dünnste sei. Angesichts ihrer permanenten Beschäftigung mit den Themen Essen und Nichtessen kreisten auch die gruppentherapeutischen Sitzungen ausschließlich um diese Themen und blieben ansonsten unergiebig.

Inzwischen gibt es sowohl im ambulanten als auch im stationären Bereich mehrere Modelle von Gruppentherapie, die die früheren Befürchtungen deutlich relativieren. Gruppentherapie scheint jedoch nicht als alleinige Methode angewandt zu werden, sondern immer in Kombination mit Einzeltherapie, vereinzelt auch mit Familientherapie.

Angaben zur optimalen Gruppengröße schwanken zwischen 4 bis 6 und 7 bis 9 Patientinnen. Unterschiedliche Ansichten gibt es auch darüber, ob an der Gruppe auschließlich anorektische Patientinnen teilnehmen sollten oder anorektische und bulimische und/oder auch adipöse. Die Argumentation für symptomhomogene Gruppen stützt sich auf eine unterschiedliche Persönlichkeitsstruktur der verschiedenen Gruppen von Eßgestörten, wohingegen Vertreter der heterogenen Gruppen deren Vorteil darin sehen, daß die anorektische Patientin im Zusammensein mit Frauen, die ein anderes Symptom entwickelt, aber in vielem vergleichbare Probleme haben, es eher schafft, sich von der eigenen Fixierung zu lösen und das eigene Verhalten als das zu sehen, was es ist: ein unangemessener Lösungsversuch für ganz andere Probleme.

Einige der Methoden, die in der Behandlung von anorektischen Frauen sehr hilfreich sind, z. B. das Selbstsicherheitstraining, lassen sich sinnvoll nur in der Gruppe durchführen, andere, wie z. B. Visualisierungsübungen nur in der einzeltherapeutischen Situation. Wann einzeltherapeutische und wann gruppentherapeutische Methoden angewendet werden, ist eine Frage der differentiellen Indikation und der Reihenfolge und Kombination der Maßnahmen.

Spezifische Methoden

Ich möchte nun einige Methoden beschreiben, die ich in der Therapie mit anorektischen Patientinnen besonders geeignet finde. Zum Teil handelt es sich um einzelne Verfahren oder auch Übungen, die im Rahmen einer Einzeltherapie eingesetzt werden können, zum Teil jedoch auch um spezifische therapeutische Maßnahmen, die nur im Rahmen einer multiprofessionellen BehandlerInnengruppe Anwendung finden können.

Alle Methoden sollten als Hilfestellung für die Patientin verstanden werden, *ihren* Weg aus der Krankheit zu finden.

1. Sehr hilfreich sind hierbei *Visualisierungsübungen,* das heißt Übungen, in denen die Patientin sich bei geschlossenen Augen vorstellt, wie es wäre, wenn sie dünner wäre, dicker wäre, in einer bestimmten Situation wäre – und was sie erleben und fühlen würde.

Solche Übungen sind erstmalig von Susie Orbach für adipöse Frauen beschrieben worden (1987). Adipöse Frauen schauen häufig gar nicht in den Spiegel, sie scheuen die Auseinandersetzung mit ihrem Körper, und manchmal scheint es, sie möchten auf diese Weise vermeiden, daß andere sehen, wie dick sie sind. Orbach entwickelte die Visualisierungsübungen als Methode zu einer angstfreien Auseinandersetzung mit dem gefürchteten Körper. Manche anorektische Patientin schaut zwar ständig in den Spiegel – aber auch sie vermeidet es, genau hinzugucken, da sie in permanenter Panik lebt, sie könne etwas zu Dickes an sich feststellen. Bei einer Visualisierungsübung schließt sie die Augen und folgt nur innerlich den Worten der Therapeutin. Geschieht dies in einer entspannten Atmosphäre, so kann sie auf diese Weise mit geschlossenen Augen genauer sehen als mit geöffneten vor dem Spiegel.

Eine Visualisierungsübung kann etwa folgendermaßen aussehen:

„Sie sind auf einer Party, sie tragen den Pullover und die Hose, die Sie jetzt anhaben. Beobachten Sie genau, welche Leute noch anwesend sind, wer auf Sie zukommt, mit wem Sie sprechen – vielleicht stehen Sie auch allein in einer Ecke, beobachten die anderen. Stellen Sie sich also ganz genau die Szene vor und fühlen Sie, wie es Ihnen geht, wie Sie sich anfühlen, welche Teile Ihres Körpers Sie spüren. Und jetzt werden Sie dünner, ganz langsam werden Sie dünner. Beobachten Sie genau, was mit Ihnen passiert... Wie fühlen Sie sich jetzt? Wie fühlen Sie sich an? Sie werden immer noch ein wenig dünner... Werden Sie so dünn, wie Sie es sich vorstellen können, und beobachten Sie, wie dieser Prozeß vonstatten geht..."

Die Patientin sollte nicht zu lange in der Vorstellung gehalten werden. Am Ende wird die Vorstellung durch eine Instruktion wieder aufgelöst. Etwa folgendermaßen:

„Wenn Sie jetzt ganz dünn geworden sind, dann verändern Sie sich nach und nach wieder so, bis Sie Ihren jetzigen Körper erhalten haben. Zählen Sie dann langsam rückwärts von 5 bis 1 und machen Sie die Augen auf. Räkeln Sie sich einmal ganz kräftig."

An die Übung schließt sich natürlich ein ausführliches Gespräch zu seiner Aufarbeitung an.

Visualisierungsübungen sind auch dann hilfreich, wenn die Patientin zunehmen möchte, sich aber noch gar nicht vorstellen kann, wie dieser Prozeß vonstatten geht. Durch die Visualisierung „Sie werden dicker" können oft wichtige Körpererfahrungen und Ängste sichtbar werden.

Eine dritte Einsatzmöglichkeit von Visualisierungsübungen ist die im Sinne einer Gegenkonditionierung. Patientinnen, die zunehmen und dies auch möchten, haben dennoch große Angst davor, daß das Zunehmen sichtbar wird – insbesondere auch auf der Waage. Hier ist die Visualisierung der Szene „Ich stehe auf der Waage und wiege x Kilo" sehr hilfreich. Manche Patientin spürt erst in dieser Situation, daß sie in der Tat nicht darauf vorbereitet ist, das Gewicht wirklich zu haben, von dem sie sagt und auch meint, daß sie es möchte.

2. Die Auseinandersetzung mit dem Körper bedeutet für die anorektische Patientin immer zweierlei: zum einen muß sie lernen, ihren derzeitigen Körper und seine Sprache kennenzulernen, zum anderen muß sie sich aber damit auseinandersetzen, wie dieser Körper sich verändern wird. Wenn sie daran denken, zuzunehmen, so stellen sich die Patientinnen meistens irgendeine plumpe Form des Dickerwerdens vor, von der vor allem der Bauch, der Po und die Oberschenkel betroffen sind. Eine Auseinandersetzung mit dem eigenen Körper erfolgt nicht.

Hier sind alle Übungen günstig, in denen die Patientin sich vorstellen lernt, wie *sie selbst* aussehen wird, wenn sie zugenommen hat. So kann sie z. B. an Fotos von sich selbst herum malen und das Bild der eigenen Person entwerfen; oder ihren Körperumriß in Kreide auf den Boden malen oder als Pappfigur ausschneiden und ihn nach und nach verändern. Auch das Gesicht sollte bei diesen Übungen berücksichtigt werden: Wie werden die Backen aussehen, wie der Hals?

Wichtig ist, *Vorstellungsübungen* dieser Art erst dann durchzuführen, wenn die Patientin sich eine Gewichtszunahme überhaupt vorstellen kann. In diesem Fall aber helfen sie, das abstrakte Ziel konkreter zu machen und damit auch, die Angst vor dem doch immer noch sehr gefürchteten Ziel zu verringern.

3. Das Chaos, das die anorektische Patientin in sich verspürt, kommt naturgemäß auch in den therapeutischen Gesprächen zum Ausdruck. Die Patientinnen berichten sehr viel Widersprüchliches, schildern Gefühle und Erlebnisse recht verworren – und häufig ist zur Mitte des therapeutischen Gesprächs alles ganz anders als am Anfang, und am Ende ist es noch einmal neu. Dieses Suchen ist ein heilsamer Prozeß, aber nur sehr wenige Patientinnen sind sich der Widersprüchlichkeiten, die sie erzählen, bewußt. Eine dieser Ausnahmen sagte mir einmal am Ende der Therapie: „Ich hab ganz oft gewußt, daß das, was ich jetzt erzähle, falsch ist. Aber ich wollte mal sehen, was passiert, wenn ich mal in die Richtung weiterdenke und fühle, wollte es einfach mal ausprobieren."

Da die meisten Patientinnen aber nicht bewußt ausprobieren, sondern in den Widersprüchen gefangen sind und sie auch in der Therapiestunde so erleben, ist es wichtig, ihnen eine objektive Rückmeldung zu geben. Eine gute Möglichkeit hierzu sind *Tonaufzeichnungen* der therapeutischen Gespräche. Die Patientin kann die Tonkassette mitnehmen, sich in aller Ruhe anhören, was sie gesagt hat, überlegen, was davon stimmen mag, was nicht usw. In einer solchen Situation, in der sie keinerlei Angst vor Einmischung, Bewertung oder Festlegung zu haben braucht, gelingt es ihr häufig leichter, sich der eigenen Person zu nähern.

4. Unbedingt rate ich, der Patientin *Bücher über Anorexie* zu nennen. Je mehr sie über die Erkrankung weiß, desto leichter wird sie einen Zugang zu ihren eigenen Reaktionen finden. Das Wissen um die Krankheit und die Hintergründe ihrer Entstehung kann helfen, Schuldgefühle abzubauen. Darüber hinaus ist es für viele Frauen ein ungeheurer Anreiz, wenn sie lesen können, daß andere es geschafft und wie sie die Krankheit überwunden haben. Und zu guter Letzt ist das Empfehlen von Büchern ja auch ein Angebot der Therapeutin, Wissen mit der Patientin zu teilen, Machtgefälle abzubauen. Eine kollaborative Beziehung funktioniert nur bei gleich gut informierten PartnerInnen. (Im Anhang ist eine Liste mit Literaturvorschlägen für Patientinnen.)

5. Die *Auseinandersetzung mit den kognitiven Fehlern* der anorektischen Patientin ist ein wesentlicher Bestandteil jeder Therapie. Anorektische Gedankengänge zeichnen sich neben ihrer Rigidität vor allem dadurch aus, daß sie dichotomisieren und gänzlich situationsunangemessen sind. So wie die Nahrungsmittel in gute und schlechte aufgeteilt werden, gibt es auch ansonsten in der Welt der anorektischen Patientin keine Schattierungen, etwas ist entweder schwarz oder weiß. Je kränker die Patientin ist, um so rigider und situationsunangemessener werden auch ihre Kognitionen, bis sie sich auf einige wenige wie „Hauptsache ich bin dünn" oder „Ich darf nicht zunehmen" zusammengeschrumpft haben. Bei Rückgabe einer schlechten Klassenarbeit:

„Hauptsache ich bin dünn". Wenn der Freund Schluß macht: „Hauptsache ich bleib dünn". Bei der Party mit Klassenkameraden: „Ich darf nicht zunehmen".

Da, wo es möglich ist (etwa in Kliniken), sollten anorektische Patientinnen am Kognitionstrainig in Gruppen teilnehmen. Sie können lernen, die Situationsangemessenheit ihrer Gedanken zu überprüfen, können Zusammenhänge zwischen Gedanken, Emotionen und körperlichem Erleben erfahren und lernen, daß auch andere Gedanken denkbar sind und verschiedene Alternativen ausprobieren (vgl. Beck 1976; Franke 1992; Garner & Bemis 1982, 1985; Garner et al. 1982).

6. Einen weiteren wichtigen Baustein in der Therapie bilden *Selbstsicherheitstrainings.* Die Patientinnen sind in der Regel hoch sensibel für die Bedürfnisse ihrer SozialpartnerInnen, aber unfähig, ihre eigenen Bedürfnisse zu erkennen. Wenn überhaupt, so wissen sie, was sie nicht wollen, und verweigern sich passiv-trotzig. Im Selbstsicherheitstraining können sie lernen, eigene Bedürfnisse besser wahrzunehmen und zu artikulieren, sie können erfahren, daß das Äußern von Wünschen keinesfalls von allen SozialpartnerInnen als Ausdruck eines krassen Egoismus gewertet wird, und sie können ebenfalls in einer angstfreien Atmosphäre ausprobieren, Forderungen, denen sie nicht nachkommen möchten, abzulehnen.

Selbstsicherheitstrainings sollten natürlich möglichst in einer Gruppe durchgeführt werden.

7. Zum Aufbau eines angemessenen Körperschemas und zum angstfreien Umgang mit dem Körper haben sich *Gymnastik* und *Sport* sehr bewährt. Gezielte sportliche Übungen erweisen sich auch als therapeutisch wirksam zum Abbau von Hypermotorik. In ihrer normalen sozialen Situation wird der Patientin hypermotorisches Verhalten ja meist verboten: sie solle sich nicht soviel bewegen, sie werde dadurch nur noch dünner. Wird in der Therapie Bewegung ausdrücklich empfohlen, so erleben die Patientinnen dies als große Erleichterung. Unter Anleitung lernen sie

im weiteren Verlauf auch, sich nicht immer bis an die Grenzen ihrer Leistungsfähigkeit zu strapazieren, sie lernen, Pausen einzulegen und herauszufinden, welche körperliche Bewegung ihnen gut tut. Auch Schuldgefühle, die sich bei den Patientinnen einstellen, wenn sie beginnen, sich weniger exzessiv zu verhalten, können schonend reduziert werden.

8. *Übungen zur Körperwahrnehmung* bereiten den Patientinnen in der Regel zunächst große Angst. Können sie sich jedoch darauf einlassen, so erleben sie sie häufig als eine sehr hilfreiche Möglichkeit, sich dem eigenen Körper und damit auch der eigenen Person zu nähern. Hier ist allerdings sehr viel therapeutisches Fingerspitzengefühl erforderlich.

9. Nur sehr vereinzelt scheinen die gängigen *Entspannungstrainings* eine für anorektische Patientinnen geeignete Methode der Wahl. Sich zu entspannen bedeutet für sie in der Regel, Kontrolle abzugeben – und dies auch noch in dem einzigen Bereich, den sie zu beherrschen meinen, ihrem Körper. Die Indikation sollte somit sehr vorsichtig erfolgen, auch sollte die Patientin jederzeit die Möglichkeit haben, das Entspannungstraining abzubrechen.

10. Methoden der *Gestaltungs-* und *Musiktherapie* können den oft kopfbetonten Patientinnen einen Zugang zu ihren Gefühlen, Phantasien, Wünschen ermöglichen, auch kann mit diesen Methoden die Kreativität geweckt werden, die nur zu häufig verschüttet ist. Außerdem können sie etwas Neues ausprobieren, stehen dabei nicht unter Leistungsdruck und können somit auch lernen, eigene Kriterien zu entwickeln.

11. Neben diesen individuumzentrierten Maßnahmen muß bei entsprechender Indikation natürlich auch das *soziale Umfeld* in die Therapie einbezogen werden, in der Regel also die Eltern, Geschwister, der Partner oder gegebenenfalls eigene Kinder. Es würde jedoch den Rahmen dieses Buches sprengen, wollte ich

alle Methoden darstellen. Ich verweise daher auf die entsprechende Literatur, vor allem auf D. M. Garner & P. E. Garfinkel (Eds.) (1985). Handbook of Psychotherapy for Anorexia nervosa and Bulimia. New York: Guilford.

Reihenfolge der Maßnahmen

Ein Kapitel über Methoden in der Behandlung anorektischer Patientinnen kann nicht enden, ohne daß die Fragen der Reihenfolge der einzelnen Therapieschritte behandelt wäre.

Merkwürdigerweise wird dieses Thema in nahezu allen Publikationen aufgegriffen, obwohl es fast das einzige zu sein scheint, über das Übereinstimmung herrscht, und zwar dahingehend, daß erst das Gewicht stabilisiert sein müsse, bevor die sonstigen Probleme angegangen werden können.

Warum, so frage ich, muß dieser Konsens immer wieder beschworen werden? Warum ist den Erst-Dann-TherapeutInnen ihr Vorgehen immer wieder erklärungsbedürftig?

Zur Begründung des „Erst Gewicht, dann Therapie" wird immer wieder Hilde Bruch zitiert – auch von denen, die sie ansonsten gar nicht so schätzen. Selbst reine Auffütterungsprogramme werden damit legitimiert, daß auch Hilde Bruch eine Psychotherapie bei einem zu niedrigen Gewicht für sinnlos gehalten habe.

Übersehen oder verschwiegen wird bei dieser Argumentation, daß Hilde Bruch über extreme Hungerzustände schrieb, die ihren Untersuchungen zufolge zu Wahrnehmungsverzerrungen und Denkfehlern führen, so daß ab einer bestimmten Gewichtsgrenze eine therapeutische Kommunikation mit der Patientin gar nicht mehr möglich sei. Solche extremen Hungerzustände liegen jedoch eindeutig bei den vielen Patientinnen, die nach der Erst-Dann-Methode behandelt werden, nicht vor, so daß die „Legitimation durch Bruch" klar entfällt.

Den meisten Programmen des Erst-Dann liegt ein Modell zugrunde, demzufolge „eigentliche" anorektische Symptome wie

169

Untergewicht, Schlankheitsideal, Körperschemastörung und Hyperaktivität von sogenannten „neurotischen" Symptomen getrennt werden. Ich halte diese Zweiteilung für einen logischen Fehler. Bei der Anorexie handelt es sich um ein Syndrom komplexer organischer, kognitiver, emotionaler und Verhaltens-Auffälligkeiten. Dieses sollte dementsprechend auch in seiner Komplexität und unter Berücksichtigung der vielfältigen Interaktionen der einzelnen Symptome behandelt werden. Auch empirische Erfolgsstudien haben eindeutig gezeigt, daß die der Erst-Dann-Therapie zugrundeliegende Prämisse, daß durch eine erste Phase des Gewichtsanstiegs eine Einsicht in die Notwendigkeit einer weiteren Therapie entsteht, falsch ist. Mit dem Gewichtsanstieg geht keineswegs notwendigerweise eine Veränderung auf der kognitiven und emotionalen Reaktionsebene einher (vgl. Lehmkuhl, Schmidt & Masberg 1989), was ja besonders eindrücklich die katamnestischen Mißerfolge der gänzlich auf Gewichtssteigerung abzielenden frühen Verhaltenstherapie gezeigt haben (vgl. Franke 1991).

Doch ich möchte noch einmal zurückkommen auf die extrem abgemagerten Patientinnen. Ich bezweifle nicht, daß es Frauen gibt, die an massiven Wahrnehmungsverzerrungen leiden. Aber in über zwanzigjähriger Arbeit mit anorektischen Patientinnen habe ich noch keine kennengelernt, mit der eine Kommunikation unmöglich war.

Sie war manches Mal extrem schwierig, brauchte höllisch viel Geduld und Selbstkontrolle – aber sie war nie unmöglich. Und immer hat die Zeit gereicht.

Ich will nicht ausschließen, daß es nie und unter allen Umständen nicht erforderlich sein kann, Zwangsmaßnahmen durchzuführen. Aber ich bin überzeugt, daß dieser Fall nur verschwindend selten eintritt und daß die große Mehrzahl aller Patientinnen sehr wohl in der Lage ist, sich mit sich und der eigenen Situation auseinanderzusetzen. Und ich bin darüber hinaus der Überzeugung, daß bei wiederum der großen Mehrzahl all dieser Patientinnen auch genügend Zeit ist, bis sie sich selbst entschließen, zuzunehmen. Dramatische Gewichtsverluste kennzeichnen oft den Beginn von Therapie. Sie sind aber nicht notwendig ein Zeichen dafür, daß die Krankheit galoppierend voranschreitet, sondern können gerade Zeichen dafür sein, daß die Patientin beginnt, sich auf einen Prozeß einzulassen.

An dessen Anfang aber steht Angst, Unsicherheit über den Weg und was auf ihm passieren wird und natürlich auch die Frage, ob der Mensch, der sich als Therapeut oder Therapeutin ausgibt, wirklich vertrauenswürdig und belastbar genug ist.

Letztlich ist es eine Frage der therapeutischen Angst und eine Gratwanderung zwischen Angst und Selbstüberschätzung. Wer mit anorektischen Patientinnen arbeitet und leugnet, daß sie existentiell gefährdet sind, gleicht demjenigen, der aus Angst im Keller singt. Es gilt nicht, die eigene Angst als TherapeutIn zu leugnen – aber es ist wichtig, sich von ihr nicht bange machen zu lassen (und ständig in Supervision zu sein!).

Ich bezeichne es als den großen Mythos der Anorexie-Therapie, daß erst einmal das Gewicht restauriert sein müsse, bevor psychotherapeutische Maßnahmen greifen können. Meine feste Überzeugung ist, daß sich das Gewicht restauriert, wenn die Patientin nicht mehr anorektisch fühlt, denkt, empfindet und wertet. Ich werde mich aber hüten, eine neue Erst-Dann-Regel zu formulieren, die da lauten würde: Erst die psychologische Veränderung, dann die körperliche. Denn diese würde genau wie die andere in die Falle der Anorexie tappen: in die Falle der Dichotomisierung. Der Prozeß der Gesundung muß Körper und Psyche umfassen, und die therapeutische Aufgabe besteht darin, der Patientin bei der Integration dieser beiden Bereiche ihrer Person zu helfen.

15. Wie gefährlich ist die Anorexie?

„Mit ‚Anorexia nervosa' wird eine schwere Störung des Eßverhaltens bezeichnet, die fast ausschließlich Jugendliche, überwiegend Mädchen betrifft. Diese Verhaltenskrankheit stellt ein schweres Leiden dar, das häufig zu chronischer körperlicher und psychosozialer Invalidität, nicht selten zum Tode führt ...

Die Prognose bei Spontanverlauf muß als schlecht bezeichnet werden: die Mortalität beträgt bis zu 12%, die Anorexie chronifiziert bei ca. 40% der Patientinnen. Bei 20-30% findet sich eine ‚Spontanheilung' bezogen auf das Körpergewicht; schwere Störungen im psychischen und sozialen Bereich bleiben jedoch bestehen. Die Patientinnen leben in einer sozialen Randexistenz bzw. werden Dauerpatientinnen in psychiatrischen Kliniken. Bei ca. 10% der Kranken entwickeln sich chronische Psychosen" (Köhle & Simons 1990, S. 582, 608).

„Der Spontanverlauf unbehandelter Patientinnen muß als ungünstig bezeichnet werden ... Der Anteil von Sterbefällen wird mit 3% bis zu 25% beziffert ..." (Paul & Jacobi 1989, S. 336).

Um es gleich vorweg zu sagen: Ich halte Sätze wie die zitierten nicht für wissenschaftliche Aussagen, sondern für apokalyptische Schwarzmalereien. Und ich finde es absolut nicht witzig, wenn mit Todesquoten von 3–25% geradezu herumgespielt wird.

Aber Zitate wie die obigen sind keine Ausnahme. Wenn es um Anorexie geht, sind die düstere Miene und der erhobene Zeigefinger nahezu automatisch auch bei ansonsten wissenschaftlich nüchternen AutorInnen mit von der Partie. Daß dies ein Zufall ist, mag ich nicht glauben, und ich werde gegen Ende dieses Kapitels meine Vermutungen darüber anführen, warum beim Thema Anorexie so häufig der Pessimismus beschworen wird.

Zuvor möchte ich jedoch einen kurzen Überblick über den Forschungsstand zu Verlauf und Prognose der Krankheit geben und einige diesbezügliche Ergebnisse der von J. Arnold, M. Schmalkowski und mir durchgeführten Befragung von ehemaligen Patientinnen anführen.

Erste empirische Untersuchungen über den Verlauf der Anorexie wurden vor jetzt etwa vierzig Jahren veröffentlicht (Beck & Brochner-Mortensen 1954; Kay & Leigh 1954; s. a. Hsu 1980), und inzwischen liegt eine kaum mehr überschaubare Zahl von Therapie-, Follow-up- und Prognosestudien vor.

Wer sich von diesen einheitliche Ergebnisse erhofft, wird natürlich enttäuscht. Unterschiedliche Diagnosekriterien, unzureichende Kriterien für Behandlung, unterschiedliche Behandlungsmethoden und insbesondere Behandlungsdauer, unterschiedliche Therapieerfolgs-Kriterien, Unterschiede im Follow-up-Intervall und unterschiedliche Drop-out-Raten lassen ein uneinheitliches Bild entstehen. AutorInnen, die versucht haben, durch Vergleichsstudien respektive Metaanalysen Ordnung in das Chaos zu bringen, waren demzufolge genötigt, dies anhand von sehr globalen Kriterien zu tun (vgl. Fichter 1985; Garfinkel & Garner 1982; Hsu 1980, 1988; Herzog, Keller & Lavori 1988; Köhle & Simons 1990; Steinhausen & Glanville 1983, 1984). Sie orientieren sich weitgehend entweder an den Prognosekriterien von Morgan & Russell (1975) oder an der von Garfinkel, Modolfsky & Garner (1977) vorgeschlagenen globalen klinischen Bewertung. Bei letzterer werden die Patientinnen auf der Grundlage der klinischen Beurteilung von Gewicht, Eßverhalten, Menstruation, sozialer und beruflicher Integration einer von vier Kategorien zugeordnet: hervorragend, deutlich verbessert, symptomatisch, schlecht.

Bei der Bewertung nach Morgan u. Russell erfolgt auf der Grundlage von nur zwei Parametern, und zwar Gewicht und Menstruation, eine Einteilung in eine von drei Gruppen, und zwar gute, mittlere und schlechte Prognose. Im folgenden nun die Ergebnisse einiger Vergleichsstudien:

Garfinkel & Garner (1982) kommen zu dem Schluß, daß 40% aller Patientinnen vollständig geheilt werden und 30% sich beträchtlich verbessern. Bei etwa 20% bleibe der Zustand gleich oder verschlechtere sich, die Todesquote betrage 9%.

Nach Agras & Kraemer (1984) erreichen etwa zwei Drittel aller stationär behandelten Patientinnen wieder ein stabiles Normalgewicht und regelmäßige Menstruation. Etwa die Hälfte der Behandelten aber werde weiterhin Eßprobleme haben und zeige soziale und psychiatrische Beeinträchtigungen. 2–6% der Patientinnen würden entweder an den Folgen der Anorexie oder durch Suizid sterben.

Szmukler & Russell (1986) verglichen die Ergebnisse dreier Studien (‚Maudsley Series‘, Morgan & Russell 1975; ‚St. George’s Series‘, Hsu, Crisp & Harding 1979; ‚Bristol Series‘, Morgan, Purgold & Wellbourne 1983) anhand der Prognosemaße von Morgan und Russell; die Ergebnisse sind in der folgenden Übersicht aufgeführt:

	Maudsley %	St. George’s %	Bristol %
gut	39	48	58
mittel	27	30	19
schlecht	29	20	19
gestorben	5	2	1

Remschmidt, Wienand & Wewetzer (1990) verglichen eigene Katamnese-Ergebnisse mit den obigen Studien und bewerteten 69% ihrer Patientinnen als gut, 11% als mittel und 17% als schlecht gebessert; 3% der Patientinnen waren gestorben (N = 84). Die gleiche Gruppe von Patientinnen beurteilten sie zudem anhand des globalen Scores von Garfinkel et al. Nach diesem hatten sich 71% hervorragend, weitere 20% deutlich verbessert. Diese Diskrepanz zwischen den Ergebnissen ist etwas verwirrend und wird von den Autoren leider nicht diskutiert. Meines Erachtens kann sie nur bedeuten, daß die Patientinnen sich in den sozialen Variablen günstiger als in den körperlichen entwickelt haben. Über Gründe hierfür nachzudenken, ohne die Behandlungsmodalitäten der von Remschmidt et al. untersuchten Gruppe genauer zu kennen, wäre allerdings Spekulation.

Wie sieht es nun aus mit den Sterbefällen?

Mc Kenna (1991) und Herzog, Keller & Lavori (1988) kommen nach Durchsicht der Literatur zu dem Schluß, daß die Mortalitätsrate in über der Hälfte der Studien 4% oder geringer ist.

Herzog, Keller & Lavori untersuchten in 88 Fällen, woran die Patientin gestorben war. Bei etwa der Hälfte lag der Grund in der Anorexie und ihren Folgeerscheinungen, bei einem weiteren Viertel der Patientinnen war es Suizid.

Die höchsten Todesquoten werden in Untersuchungen von Halmi et al. (1975), Theander (1983) und Hentze (1989) angegeben. Hierzu ist folgendes anzumerken: Die von Theander berichtete Mortalitätsrate von 18% ergab sich nach einem Follow-up-Zeitraum von 22–50 Jahren: das bedeutet, daß die Patientinnen bei einem durchschnittlich mittleren Alter von 16–18 Jahren bei Therapiebeginn beziehungsweise Erstkontakt mit der klinischen Institution zum Katamnesezeitpunkt in einem Alter waren, das nur knapp unter der durchschnittlichen Lebenserwartung der Gesamtbevölkerung liegt. Ähnliches gilt für Halmi et al., die nach einer Katamnesedauer von 36 Jahren 25% Gestorbene zählten. Angaben über Erkrankungsdauer, Erstkontakte, Art der Behandlung und auch Sterbealter der Frauen fehlen.

Die höchste mir bekannte Mortalitätsrate in neueren Untersuchungen wird mit 23% angegeben, und zwar von Hentze für 105 Patientinnen, die in den Jahren 1965–1971 im Universitätskrankenhaus Hamburg-Eppendorf behandelt wurden. Die Patientinnen erhielten

„das volle Programm einer von FRAHM für A.N.-Kranke entwickelten *somatisch-orientierten Behandlungsmethode,* bei der ein striktes Regime, Wiederauffütterung mit der Nasen-Magen-Verweilsonde und Sedierung mit hohen Phenothiazindosen miteinander kombiniert werden" (Hentze 1989, 22; vgl. Frahm 1966).

Diese Behandlungsmethode nach Frahm wird von Köhle & Simons so beschrieben, daß die oben erwähnten Maßnahmen, also Wiederauffütterung, Sonde und Sedierung, verbunden werden

„mit einem ‚strengen Regime‘, das soziale Deprivation mit bestimmten aversiven Reizen, nach Art einer ‚Gehirnwäsche‘ , verbindet: die Patienten werden ständig mit der Unsinnigkeit ihres Verhaltens konfrontiert, zum Beispiel als ein ‚dummes Huhn‘ bezeichnet, das anderen Patienten durch sein blödsinniges Verhalten nur den Krankenhausplatz wegnimmt und hohe Kosten verursacht" (1986, S. 627).

Bei einem Vergleich von 16 Studien, in denen Gewichtszunahme und Behandlungsdauer in Abhängigkeit vom Behandlungsansatz gegenübergestellt werden (Köhle & Simons 1990, S. 610), ist Frahm einsamer Spitzenreiter: Für N = 88 Patientinnen betrug die mittlere Gewichtszunahme bei einer Therapie von 7,6 Wochen 13,9 Kilogramm.

Darf man da auch einmal fragen, ob vielleicht die Art der Behandlung etwas mit der hohen Todesquote zu tun hat? Zwei Kilogramm Gewichtszunahme pro Woche, und das knappe zwei Monate lang! Ich kann mir nicht vorstellen, daß so etwas an gesunden Personen schadlos vorübergehen würde. Und gerade Anorexie-Patientinnen sollen solche grotesken Veränderungen ihres Körpers positiv verarbeiten?

Ich finde es skandalös, daß aus einer Institution 23% Todesfälle gemeldet werden und kein Wort darüber verloren wird, daß diese Quote weit über den Werten anderer Untersuchungen liegt, sondern daß über den Erfolg der Behandlung resümiert wird:

„Mit diesen Ergebnissen sehen wir einen zweistufigen Behandlungsansatz von A.n. unterstützt: wenn die Patientin auf einen lebensbedrohlichen Zustand abgemagert ist, muß der erste Schritt eine Restitution der körperlichen Funktionen sein" (Hentze 1989, 128).

Im Zusammenhang mit Katamnesestudien begegnet man häufig einer Einteilung in sogenannte „Spontanverläufe" einerseits und „Therapiefälle" andererseits, einer Einteilung, die meines Wissens erstmals Cremerius (1965) angewandt hat. Und bis heute wird er in der deutschsprachigen Literatur mit seinem Satz zitiert:

„Ein Drittel bleibt anorektisch und zeigt einen chronischen Verlauf, ein Drittel wird psychisch schwer krank bzw. psychotisch nach Verlust der Anorexiesymptomatik, der Rest zeigt Symptomwandel und Besserung" (1978, S. 335).

Eine Zusammenstellung der Katamnesestudien ergibt dann regelmäßig, daß der Verlauf für unbehandelte Fälle schlechter ist als für behandelte. So fanden etwa Köhle & Simons (1990) bei 19 Studien zu Spontanverläufen im Durchschnitt 12% Todesfälle und bei 19 Studien zu Therapiefällen 5% Todesfälle. Dies legt die Interpretation nahe, daß Therapie gegen Anorexie hilfreich ist oder zumindest, daß sie das Mortalitätsrisiko senkt.

Auf den zweiten Blick aber ergibt sich doch die Frage, was da eigentlich als „Spontanverlauf" bezeichnet wird. Es handelt sich bei allen Frauen, die in die Untersuchungen einbezogen wurden, um solche, die als Patientinnen erfaßt worden sind. Sie hatten sich wegen ihrer Erkrankung an eine Institution – in der Regel eine Klinik – gewandt. Dort erhielten sie – aus welchen Gründen auch immer – keine systematische Psychotherapie. Was jedoch sonst mit ihnen gemacht beziehungsweise unterlassen wurde, steht nicht in den Daten. In jedem Fall aber kann man doch wohl davon ausgehen, daß sie in irgendeiner Form mit der Institution Kontakt gehabt haben, denn wie sonst könnten sich Katamnesezeiträume von bis zu 50 Jahren ergeben? Kann es sein, daß die Patientinnen in der Institution irgend etwas bekommen haben, was schädlich für sie war?

Es ist schon bemerkenswert, wie die Frage nach iatrogenen Folgen der Behandlung in der Anorexieliteratur ausgeklammert wird.

Aussagen über die Notwendigkeit und den prinzipiellen Nutzen von Therapie wären streng genommen nur auf der Basis von Untersuchungen mit unbehandelten Kontrollgruppen möglich. Solche jedoch gibt es nicht, und sie sind aus ethischen Gründen auch schwer vorstellbar. Eine recht gute Annäherung an die optimale Forschungsstrategie bieten jedoch retrospektive Untersuchungen, die sich nicht – wie es üblich ist – auf die Klientel einer bestimmten Institution oder auch mehrerer Institutionen stützen, sondern in denen auch unbehandelte Fälle miterfaßt werden.

Eine solche ist die bereits in den Kapiteln 3 und 9 vorgestellte Befragung von 130 früher an Anorexie erkrankten, jetzt gesunden Frauen. Anhand der Diagnosekriterien von Feighner et al. (1972) beurteilten die Frauen ihren körperlichen und psychischen Zustand während der Anorexie und „heute", also zum Befragungszeitpunkt. Wesentliches diagnostisches Kriterium war somit die subjektive Bewertung der Frauen selbst. Die Analyse der Daten zeigt jedoch, daß die Stichprobe in allen relevanten demographischen und diagnostischen Merkmalen den aus der Literatur bekannten klinischen Stichproben entspricht.

Die wichtigsten Ergebnisse:

Die Altersspanne beim Einsetzen der Anorexie (s. Abb. 1) reicht von 8 bis 31 Jahren. Der Mittelwert liegt bei x = 16,5 Jahren, die Standardabweichung beträgt SD = ± 3,35. Bei 70% der Stichprobe liegt das Erkrankungsalter unter 18 Jahren.

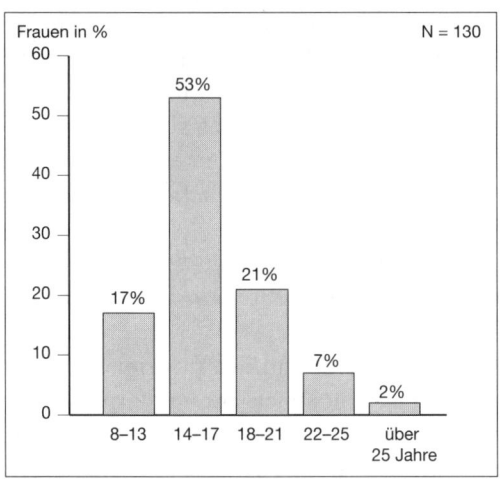

Abbildung 1:   Alter bei Einsetzen der Anorexie.

Die Dauer der Erkrankung (s. Abb. 2) schwankt zwischen 1 und 27 Jahren. Bei 45% der Stichprobe beträgt sie 1 bis 2 Jahre, weitere 27% brauchten 3 bis 4 Jahre, die übrigen 28% 5 und mehr Jahre, um die Krankheit zu überwinden. (Zum Vergleich die Stichprobe von 58 Patientinnen, die Theander 1970 beschrieben hat: bei 47% dieser Gruppe dauerte die Erkrankung weniger als 3 Jahre, bei 31% 3 bis 5 Jahre, bei 22% länger als 5 Jahre.)

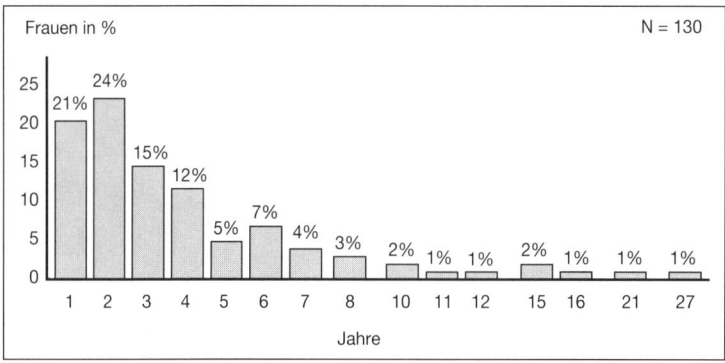

Abbildung 2:   Dauer der Anorexie.

Der durchschnittliche Gewichtsverlust (s. Abb. 3) betrug 25,4% des ursprünglichen Körpergewichts; 40% der Befragten hatten 26 bis 35% ihres ursprünglichen Gewichts verloren, weitere 20% zwischen 36 und 45%. Ein relativ hoher Anteil, nämlich 32% der Patientinnen, hatte weniger als 25% abgenommen, was jedoch angesichts des Altersaufbaus der Stichprobe nicht als Hinweis darauf gewertet werden kann, daß die Patientinnen nicht anorektisch gewesen sind. 17% der Stichprobe waren bei Einsetzen der Anorexie unter 13 Jahren, also in einer Phase, in der sie eigentlich kontinuierlich an Gewicht hätten zulegen müssen. Auch hier einige Vergleiche: Bei Morgan & Russell (1975) betrug der mittlere Gewichtsverlust 36,6%, bei Pertschuk (1977) 33,3%, bei Rosman et al. (1977) 30%.

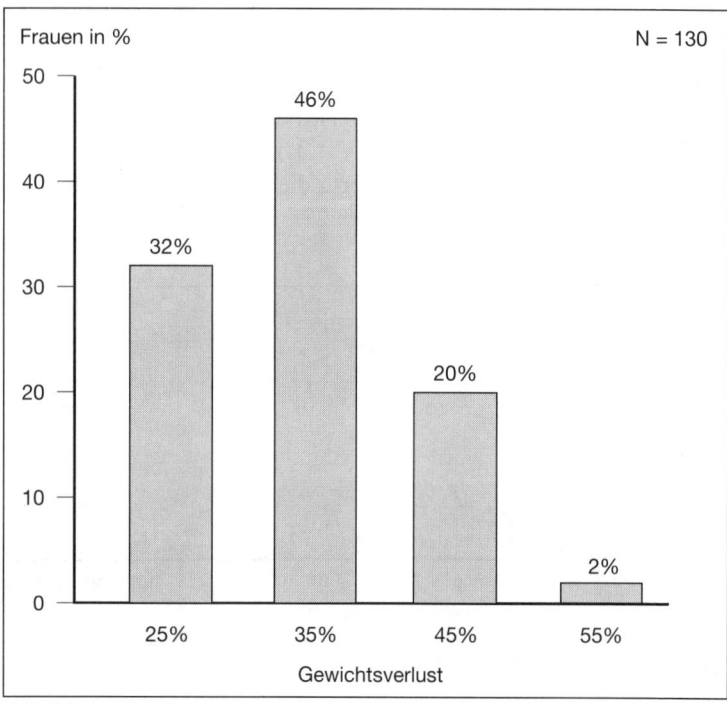

Abbildung 3:   Durchschnittlicher Gewichtsverlust.

Abbildung 4 gibt Aufschluß über die heutige Gewichtsverteilung der Frauen: nach dem Broca-Index waren zum Erhebungszeitpunkt 33% der Frauen normalgewichtig, 63% im Bereich des Idealgewichts.

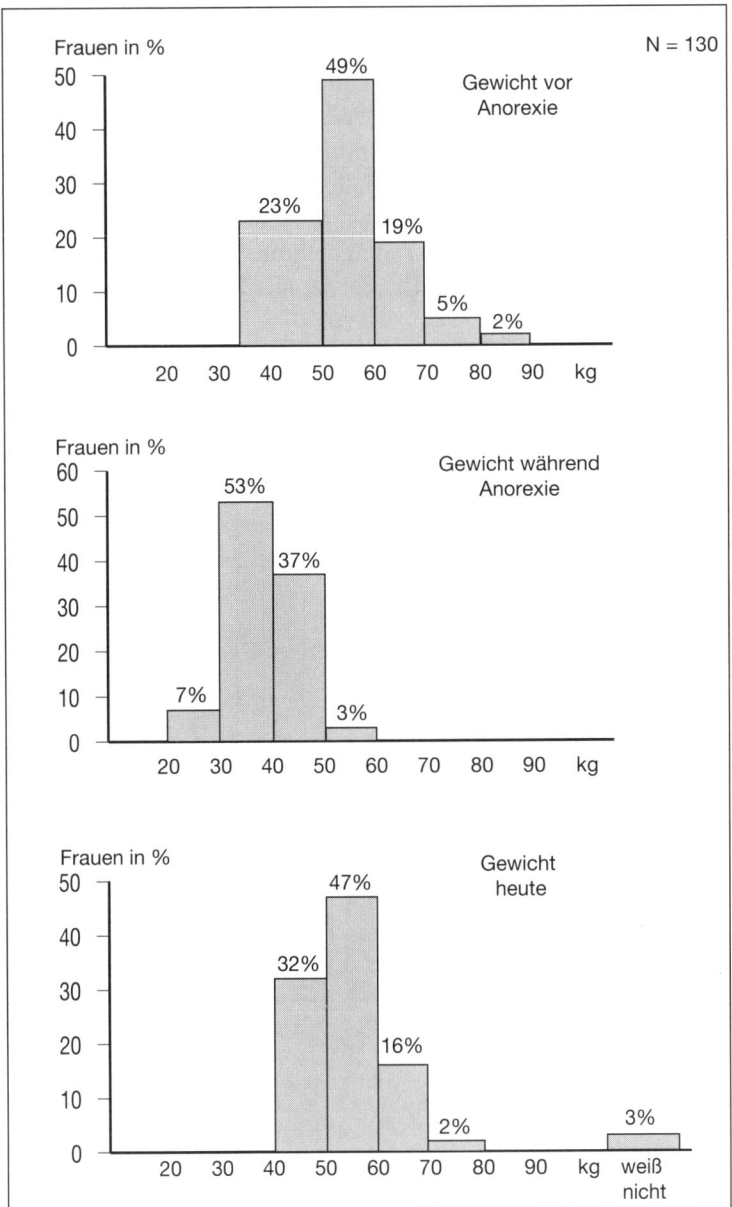

Abbildung 4: Vergleich der Gewichte vor, während und nach Anorexie.

Wir erhoben darüber hinaus folgende Kriterien: Amenorrhöe, Verstopfung, Einnahme von Laxantien, Erbrechen, bulimische Anfälle, Hyperaktivität, Bradykardie, Angst, dick zu werden, permanente Gedanken ans Essen. Abbildung 5 zeigt, daß die Prozentsätze all dieser Kriterien zum Zeitpunkt der Anorexie sehr hoch sind. Besonders auffallend die hohen Werte in den kognitiven Variablen: so hatten 96% der Befragten ständig Angst, dick zu werden, 95% waren in ihren Gedanken permanent mit Essen beschäftigt. Auch die organischen Variablen Ame-

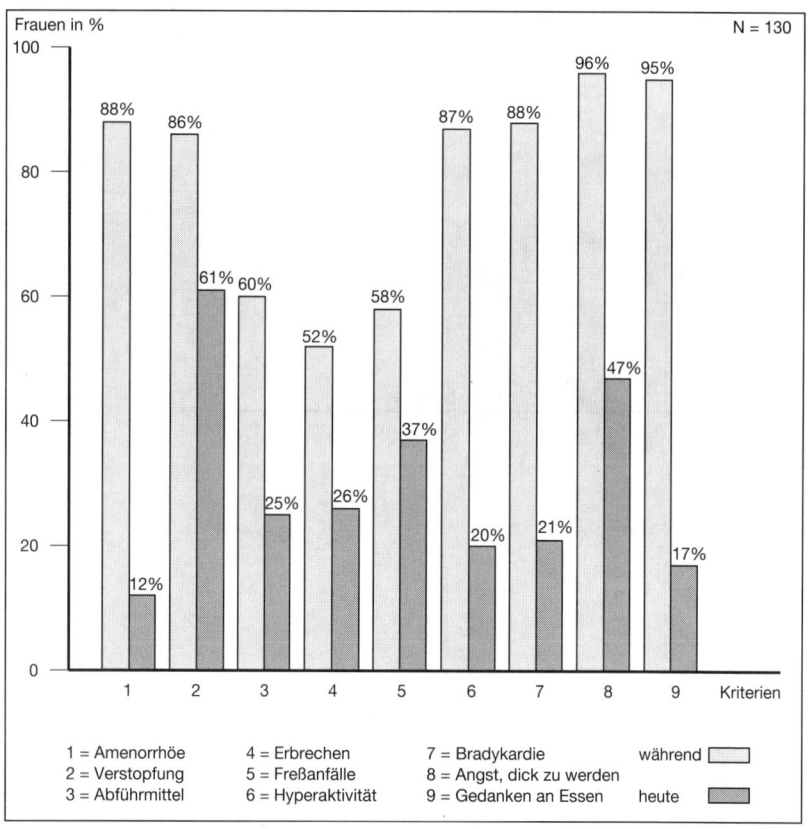

Abbildung 5: Vergleich der Feighnerschen Kriterien während der Anorexie und heute.

norrhöe, Bradycardie und Obstipation sowie die Verhaltens-variable Hyperaktivität wiesen sehr hohe Werte auf.

Zum Fragezeitpunkt sind die Prozentsätze aller Kriterien deutlich geringer, wobei auch hier die Übereinstimmung mit aus klinischen Studien veröffentlichten Ergebnissen frappierend ist.

Dem Überblick von Garfinkel & Garner (1982) zufolge bestehen in therapeutischen Erfolgsstudien zum Follow-up-Zeitpunkt Erbrechen bei 14 bis 28% der Stichproben (hier: 26%), bulimisches Verhalten bei 16 bis 50% (hier: 21%) und Laxantienmißbrauch bei 10 bis 34% (hier: 25%). Lediglich der Prozentsatz der Patientinnen, die eine regelmäßige Menstruation haben, ist in diesem Sample mit 88% größer als in anderen Studien (nach Garfinkel & Garner 1982: 50 bis 75%; bei Deter et al. 1989: 33,3%; bei Kreipe et al. 1989: 80%). Da viele Frauen jedoch die Pille nehmen, ist die Regelmäßigkeit der Menstruation sowieso ein fragwürdiges Kriterium geworden.

Insgesamt kann man somit festhalten, daß es sich bei den von uns untersuchten 130 Frauen um eine typische Gruppe anorektischer Frauen mit typischem Krankheitsverlauf handelt.

Gänzlich untypisch im Vergleich mit anderen Stichproben ist diese jedoch insofern, als sich 21% der Befragten niemals in Behandlung befunden haben. In überhaupt keiner, weder in medizinischer, noch psychotherapeutischer, noch haben sie sonst irgendeine Form professioneller Hilfestellung in Anspruch genommen. Unterschiede zwischen der Gruppe der Behandelten und der Nichtbehandelten ließen sich statistisch nicht sichern, entsprechende Überprüfungen ergaben keine signifikanten Ergebnisse.

Ohne die Ergebnisse einer einzigen Untersuchung überstrapazieren zu wollen, denke ich doch, daß folgende Schlüsse zulässig sind:

1. Die in der Literatur ständig wiederholte Aussage, daß Nichtbehandlung bei Anorexie zu Chronifizierung führt, stimmt nicht.

Wir haben eine Gruppe von Frauen untersucht, die nach allen diagnostischen Kriterien eine typische Anorexie-Klientel darstellt, und von diesen haben immerhin ein Fünftel ohne professionelle Hilfe aus der Krankheit herausgefunden.

2. Lange Dauer der Erkrankung vor Aufnahme der Therapie stellte sich in mehreren Untersuchungen als schlechtes Prognosekriterium heraus (vgl. u. a. Bassoe & Eskeland 1982; Crisp et al. 1986; Halmi et al. 1979; Morgan et al. 1983; Morgan & Russell 1975; Suematsu et al. 1985), anderen Untersuchungen zufolge soll es die Prognose nicht bedeutsam beeinflussen (vgl. u. a. Lanzi et al. 1987; Nußbaum et al. 1985; Steinhausen & Glanville 1984). In unserer Untersuchung ließen sich mittels t-Test keine Signifikanzen zwischen Dauer der Erkrankung und Behandlung versus Nicht-Behandlung sichern. Das alles zusammen heißt meiner Meinung nach, daß man allein aus der Krankheitsdauer keine Prognosen ableiten kann. Natürlich ist es häufig so, daß eine Veränderung um so schwerer wird, je länger man an einen bestimmten Zustand gewöhnt ist. Andererseits: Kann nicht das Aufnehmen einer Behandlung nach einem langen Krankheitszeitraum auch bedeuten, daß die Patientin sich jetzt verändern will? In mehreren Studien wird zur Abschätzung der Prognose eine Einteilung in Phasen vorgenommen, so etwa in die vier Phasen „akut, einfach chronisch, chronisch resistierend und chronisch persistent" (Ziolko 1978). Ich befürchte, daß eine solche Einteilung für die einzelnen Patientinnen eher hinderlich ist. Unsere Untersuchung gibt zumindest einen entscheidenden Hinweis darauf, daß es auch nach einer langen Erkrankungsdauer möglich ist, gesund zu werden.

3. Heilung, Gesundung von der Krankheit wird in empirischen Untersuchungen im allgemeinen daran festgemacht, daß Symptome nicht mehr auftreten. In neuerer Zeit legten Deter et al. (1989) Katamnesen vor, in denen einzelne Symptome minuziös aufgeführt wurden und das Ausmaß der Besserung an der Zahl der Symptome festgemacht wurde, auf denen sich Veränderun-

gen verzeichnen ließen. Eine solche Form der Erfolgsüberprüfung widerspricht eindeutig dem Krankheitsbild der Anorexie, bei dem es sich ja um ein Syndrom handelt. Die Diagnose der Anorexie kann nicht aufgrund des Vorhandenseins einzelner Symptome gestellt werden, weder Gewichtsverlust noch Amenorrhöe noch permanente gedankliche Beschäftigung mit dem Essen oder bizarre Eßgewohnheiten allein machen die Erkrankung aus. Von daher ist es auch unzulässig, aus dem Noch-Vorhandensein einzelner Symptome darauf zu schließen, daß die Anorexie nicht überwunden ist.

Jenseits dieser methodischen Einwände frage ich mich angesichts solcher Kriterienkataloge auch, wer ihnen zufolge überhaupt als gesund gelten kann. Perfektionismus ist ein anorektisches Symptom, und es scheint mir, als seien die Forscher von ihm mehr befallen als Frauen, die die Krankheit bewältigt haben.

Die Befragung der ehemaligen Patientinnen zeigt jedenfalls, daß diese die Ansprüche an Perfektionismus hinter sich gelassen haben, daß sie sich als gesund betrachten, auch wenn sie vereinzelt durchaus noch einige Symptome haben oder bei sich feststellen, daß sie in bestimmten Situationen „anorektisch" reagieren. Es wäre ein Zeichen für das Fortbestehen der Krankheit, wenn sie die Symptome leugnen oder bagatellisieren würden. Aber das tun sie nicht, sondern sie erkennen sie als Warnsignale dafür, daß sie sich in einer für sie nicht günstigen Situation befinden, sich überfordern o. ä. Sie haben offenbar gelernt, sich und ihre Reaktionen zu beobachten, und gelernt, mit sich selbst sorgsam umzugehen. So beschreibt eine Patientin, daß es ihr immer noch sehr schwer falle, in Gegenwart anderer Eßgestörter zu essen. Ihr sei dann die Kehle wie zugeschnürt und sie folgert:

„Ich möchte am liebsten nur Menschen mit gesundem Eßverhalten um mich haben."

Ich kann nicht finden, daß es sich hier um krankes Verhalten handelt – im Gegenteil: die Frau weiß offenbar, was ihr gut tut und was nicht, und sie versucht, sich dementsprechend zu verhalten.

Diskrepanzen zwischen der Experten-Definition von Genesung und dem, was die Frauen selbst erleben, treten besonders
deutlich in der Bewertung des Umgangs mit der Familie zutage.
Viele Patientinnen haben die Erfahrung gemacht, daß es ihnen
schlechter geht, sobald sie in der Familie sind, daß sie dort nicht
essen können, sich erbrechen, sich innerlich zurückziehen und
verschlossen werden. In katamnestischen Untersuchungen wird
dies im allgemeinen so gewertet, daß ein großer Prozentsatz der
Patientinnen weiterhin Schwierigkeiten mit ihren Familien hat,
was als Zeichen für das Persistieren der Störung gewertet wird.
Und was, wenn der Umgang mit den Familien wirklich schwierig
ist? Wenn sie, sobald die Patientin auftaucht, diese in das anorektische Muster zurückdrängen wollen? Ist es da nicht vielmehr ein Zeichen von Gesundheit, sich nicht in das schädigende
Millieu zu begeben? Hier wird, wie bei der Frage nach der Schuld
der Eltern (vgl. Kap. 4) wieder mit zweierlei Maß gemessen.
Während die Ehefrau des Alkoholikers, die immer wieder versucht, mit ihrem Mann zu leben, als Co-Alkoholikerin ebenfalls
pathologisiert wird, trifft diese Zuschreibung auf die Anorektikerin dann zu, wenn sie das tut, was bei der Alkoholikerin als
gesund betrachtet wird: sich aus dem krankmachenden Milieu
zurückzuziehen. Daß Kinder sich von ihren Eltern scheiden, ist
ein Angriff auf die bürgerliche Wertordnung – sehr viel mehr als
die inzwischen weitgehend legitimierte Trennung zwischen
Erwachsenen. Wenn TherapeutInnen solche Nestflüchter patho-
logisieren, leisten die damit einen Beitrag, das tradierte Wertsystem im Namen der Wissenschaft zu stabilisieren.

4. Zu den interessantesten Ergebnissen der Befragung zählt für
mich die Veränderung in den Variablen „Angst vor dem Dicker-
Werden" und „permanente gedankliche Beschäftigung mit dem
Essen". Zwar treten diese Symptome auch noch zum Befragungszeitpunkt auf: Angst vor dem Dicker-Werden geben 47%
an (während der Anorexie 96%), permanente Gedanken ans
Essen 17% (während der Anorexie 95%). Es sind somit noch
recht viele Frauen, die entsprechende Probleme angeben, aber

angesichts von epidemiologischen Daten über das Eßverhalten von Frauen ist der Schluß nicht unberechtigt, daß die ehemals anorektischen Frauen das Thema „Essen" eher besser im Griff haben, als es bei einer repräsentativen Stichprobe zu erwarten ist. Amerikanischen Untersuchungen zufolge sind 16% aller Amerikanerinnen ständig auf Diät, weitere 15% mindestens einmal pro Monat. 70% aller amerikanischen Mädchen zwischen 9 und 18 Jahren essen ständig zu wenig. In der Bundesrepublik halten laut Repräsentativerhebungen 45% der Frauen mindestens einmal im Jahr Diät, 95% kontrollieren ständig ihr Gewicht. Bei den 14–18jährigen sind 17% untergewichtig, 52% aller Jugendlichen haben Diäterfahrung (Deutsche Gesellschaft für Ernährung 1988, Pudel & Westenhöfer 1991). Unter den insgesamt 35.877 Leserinnen eines deutschen Frauenmagazins mit Figurproblemen gaben nur 1% an, keine Schwierigkeiten mit dem Eßverhalten zu haben, in einer unausgelesenen repräsentativen Stichprobenerhebung waren dies 51% (Westenhöfer et al. 1987).

Ich möchte nun noch einmal auf die Frage zurückkommen, wie gefährlich die Anorexie ist und warum über den Verlauf der Krankheit so düstere Prognosen gezeichnet werden.

So falsch es wäre, die Anorexie zu verharmlosen – so falsch ist es aber auch, sie zu einer Krankheit zu erklären, die ohne Behandlung mit hoher Sicherheit zum Tode führen wird. Anorexie ist eine schwere Erkrankung, aber mindestens die Hälfte aller Betroffenen überwindet sie vollständig und mindestens weitere 30% so weit, daß sie mit dieser Erkrankung leben können. Die in Überblicksartikeln immer wieder beschworenen Todesquoten von bis zu 25% geben ein völlig falsches Bild. In über der Hälfte aller veröffentlichten Studien liegen die Todesquoten unter 4%, davon in vielen bei 0%.

Die Motive, die für die Schwarzmalereien in bezug auf den Verlauf der Anorexie grundlegend sind, halte ich für die gleichen wie diejenigen, die restriktiven therapeutischen Maßnahmen zugrunde liegen: Angst, Kontroll- und Machtbedürfnis. Anorektische Patientinnen, die elementarste Bedürfnisse mißachten, sich jeder Beeinflussung entziehen und dabei offensichtlich am Leben bleiben, stellen professionelle Hilfsbereitschaft und Machtphantasien auf eine harte Probe. Die Reaktion auf solche Frustrationen findet dann offenbar ihren Niederschlag in Forschungsuntersuchungen nach dem Motto: „Wir werden ihnen schon zeigen, daß sie nicht gesund werden können".

Ich möchte dies an einem anderen Kriterium als den Mortalitätsraten verdeutlichen, nämlich den Gewichten. Immer wieder werden – insbesondere in der medizinischen und verhaltenstherapeutischen Literatur – Zwangsmaßnahmen in der Therapie mit dem kachektischen Zustand der Patientinnen begründet. In *allen* veröffentlichten Therapiestudien lag aber der mittlere Gewichtsverlust deutlich über dem Niveau der letalen Gefährdung. Gewichtsabnahmen zwischen 29,4% bei Franke (1990) und 36,6% bei Morgan & Russell (1975) sind natürlich gravierend, aber bei einer ehemals normalgewichtigen Frau bedeuten sie keineswegs den baldigen Tod.

Besonders bedauerlich finde ich, daß an dieser Stelle TherapeutInnen, ForscherInnen, Eltern und Partner der anorektischen Frau häufig eine Allianz miteinander eingehen: Eltern und Partner scheinen oft auf negative Erfolgsaussichten und Hiobsbotschaften geradezu zu warten. Sie fühlen sich bestätigt in dem, was sie „schon immer" predigen: „Wenn du so weitermachst...", entwerfen düstere Zukunftsbilder, in denen sie ihr eigenes Schicksal bedauern, und sie berichten von Dr. X, Prof. Y und anderen Kapazitäten, die ihnen schon vor Jahren prophezeit haben, daß alles ein schlimmes Ende nehmen wird.

Ein weiteres Motiv ist gesellschaftspolitischer Natur, es besteht in der Medikalisierung des Problems. Die Krankheit Anorexie muß zu einer schweren medizinischen, allenfalls psychosomatischen, Erkrankung gemacht werden, damit nicht das gesellschaftliche Elend, das sich hier individuell äußert, zutage tritt. Hartnäckig wird die Suche nach medizinischen Ursachen verteidigt und an Erfolgskriterien wie Gewicht und Wiedereinsetzen der Menstruation festgehalten, statt daß akzeptiert wird, daß sich hier eine Gruppe von jungen Frauen äußert, die mit dem Leben, wie es ihnen zugedacht wird, nicht einverstanden ist. Mädchen und Frauen, die anorektisch werden, wissen noch nicht, wie sie positiv sein und leben wollen. Aber sie spüren, daß die Formen, in die sie gegossen werden sollen, nicht die ihren sind. In ihrem Unwissen darüber, wie sie leben will, vielleicht auch aus Angst, sich gegenüber anderen durchzusetzen oder gar aggressiv zu sein, richtet die anorektische Frau all ihre Energie in den Kampf mit dem Körper. Sie läuft damit Gefahr, daß sie sich selbst zerstört. Und leider, das leugne ich keinesfalls, gibt es auch Frauen, die diese Zerstörung nicht mehr stoppen können.

Aber gerade in diesem Kampf liegt auch eine Chance. Die Variable, die in unserer Fragebogenerhebung die höchste Zustimmung für „hilfreich auf dem Weg aus der Krankheit" erhielt, heißt: „Ich habe selbst entschieden, ab wann ich wieder gegessen habe".

Mit dieser Aussage setzen sich die Frauen hinweg über die gesellschaftlichen Krankmachungsprozesse. Herrschender Interpretation zufolge mag dieses Ergebnis als Beleg dafür gelten, daß die Frauen noch ein gutes Stück anorektisch sind: die extreme Betonung von Unabhängigkeit wird ja ebenfalls als Krankheitsmerkmal betrachtet. Aber diese Frauen bezeichnen sich selbst als gesund. Sie lassen sich nicht mehr krank reden, sie entscheiden für sich.

Es ist nicht schwer zu verstehen, warum Menschen, die sich durch die Autonomie anderer – insbesondere derjenigen von Frauen, psychisch Kranken und Jugendlichen – bedroht fühlen, ein solches Verhalten als krank deklarieren.

16. Wann ist die Anorexie vorbei?

Im medizinisch-naturwissenschaftlichen Sinne ist die Anorexie
natürlich dann vorbei, wenn die Symptome verschwunden sind.
Eine solche Definition ist für empirische Forschung unerläßlich;
zur Auseinandersetzung jedoch mit der Frage, wann eine anorektische Frau von sich sagen kann, daß sie den Weg aus der
Krankheit herausgefunden hat, ist sie wenig ergiebig.

Denn der Wegfall von Krankheitssymptomen bedeutet noch
keinesfalls automatisch Gesundheit. Nicht krank zu sein reicht
nicht aus als Lebenskonzept. Die anorektische Patientin muß
mehr schaffen, als ihre Krankheit zu überwinden: sie muß ein
positives Konzept von sich selbst entwickeln, von ihren Fähigkeiten, ihren Möglichkeiten, ihren Wünschen und Zielvorstellungen.

Klessmann & Klessmann mit ihrem feinen Sensorium für die
Fallstricke, die das anorektische System allüberall auslegt, erkennen diese natürlich auch da, wo es um die Gesundung geht.
„Ansprüche an eine ‚vollkommene' Heilung" interpretieren sie
als Ausdruck des anorektischen Entweder-Oder, über das sie
sich weiter keine Gedanken machen wollen:

> „Das scheint uns nicht nur fair und realistisch zu sein, sondern zugleich
> ein erster Schritt in ‚die heilsame Mitte', den soliden Boden, der für eine
> längere Lebensperspektive als wichtigste Vorrausetzung vonnöten ist"
> (1988, S. 86).

Dennoch können sie es nicht ganz lassen, darüber nachzudenken, was ein Kennzeichen für Heilung von der Magersucht sein
könnte, und sie formulieren als solches Zeichen:

„...wenn tiefe Partnerbeziehungen möglich sind und die pathologischen Interaktionsmuster in der Nachfolge-Generation nicht mehr tradiert werden" (1988, S. 115).

Alle AutorInnen, die der Überzeugung sind, daß die Überwindung der Anorexie mehr bedeutet, als mit ihren Symptomen aufzuhören, teilen die Ansicht, daß es nicht möglich ist, konkrete Heilungskriterien zu nennen. Die Gründe hierfür fassen Gerlinghoff & Backmund folgendermaßen zusammen:

„Konkrete Nahziele können sein: zu Hause auszuziehen, eine Ausbildung beginnen, ein Studium aufgeben, das unter magersuchtsspezifischen Ansprüchen oder den Eltern zuliebe gewählt wurde, nicht aber den eigenen Fähigkeiten und Bedürfnissen entsprochen hat. Was aber Selbstwert, Lebenssinn, Lebensinhalt und Lebensqualität für den einzelnen bedeutet, kann nur jeder für sich selbst entscheiden. Somit kann nicht vorausgesagt werden, was es für ein Individuum bedeutet, die Magersucht zu bewältigen und ohne Magersucht zu leben" (1989, S. 122).

Aber so wie Klessmann & Klessmann scheint es ihnen ein Bedürfnis, ein übergeordnetes Ziel zu finden, und sie definieren als solches:

„...daß sich ein junger Mensch nicht mehr über Magersucht artikulieren muß, sondern eine neue Sprache gefunden hat, die verstanden wird" (1989, S. 122).

Ich stimme mit beiden Autorenpaaren voll überein. Und in meiner Sprache beantworte ich die Frage nach dem Ende der Anorexie so:

Ich halte es für ein Zeichen von Gesundheit, wenn die Frau Nähe und Distanz zugleich aushalten kann, wenn sie erleben kann, daß Nähe zu einem anderen Menschen nicht bedeutet, die eigene Autonomie aufgeben zu müssen.

Ich halte es zudem für ein wichtiges Kriterium, daß die Frau sich nicht mehr als schlecht ansieht. Dieser Aspekt, daß manche anorektische Frauen sich wirklich als zutiefst innerlich böse demütigen, kommt in der Literatur oft zu kurz; ich befürchte, daß auch ich die Tiefe dieser Verzweiflung nicht deutlich genug gemacht habe. Ein Grund anorektischer Menschen, sich anderen nicht zu nähern, liegt nämlich auch hier: in ihrer Angst, daß der andere irgendwann sehen kann, wie schlecht sie sind – und daß sie folglich einen anderen Menschen, der ihnen vertraut hat, tief enttäuschen müssen. Die anorektische Patientin weiß in der Regel nicht, was an ihr so schlecht ist – das macht es nicht leichter, sich von der Vorstellung zu lösen.

Gesundsein heißt, seinen Raum zu kennen. Wenn die anorektische Patientin ihren Raum kennt, wenn sie Platz für sich beanspruchen kann, wenn sie ohne Schuldgefühle die Tür manchmal schließt, wenn sie es braucht, und sie wieder öffnet, wenn sie wieder Kontakt haben möchte – dann denke ich, ist der Weg aus dem goldenen Käfig geschafft.

„Die Freude am Essen lasse ich mir nicht mehr nehmen (auch nicht von mir selber)."

„Und heute? Heute bin ich seit fast fünf Jahren verheiratet, ich habe zwei Söhne (zweieinhalb Jahre; sechs Monate) und bin eine glückliche und selbstbewußte Frau. Ich genieße es richtig, Frau zu sein. Ich habe viele Intersssen und ein paar Hobbies."

„Bei Streß und Ärger ist die Gefahr des Rückfalls groß. Aber beim Überdenken der Leiden der Magersucht bleibt man lieber normal und *„frißt nicht"* in sich hinein, um anschließend zu erbrechen! Ich möchte diese durchgemachte Zeit nicht noch einmal erleben. Auf keinen Fall. Es war furchtbar."

„Worum ich euch bitten möchte, ist ganz viel Geduld mit Magersüchtigen zu haben und sie auf jeden Fall voll anzuerkennen und als freie Menschen zu behandeln."

Vier ehemals anorektische Frauen.

Literaturverzeichnis

Agras, W. S. & Kraemer, H. C. (1984). The treatment of anorexia nervosa: Do different treatments have different outcomes? In: Stunkard, A. J. & Stellar, E. (Eds.). Eating and its disorders. New York: Raven, 193–207.

American Psychiatric Association (Hrsg.) (1984). Diagnostisches und statistisches Manual psychischer Störungen. DSM-III. Weinheim: Beltz.

Arnold, J. & Schmalkowski, M. (1987). Subjektive Einschätzung von Wirkvariablen im Heilungsprozeß der Anorexia nervosa. Retrospektive Untersuchung biographischer Merkmale einer nicht-klinischen Stichprobe ehemals an Anorexia nervosa erkrankter Frauen. Unveröffentl. Diplomarbeit, Univ. Bochum.

Bassoe, H. H. & Eskeland, J. (1982). A prospective study of 133 patients with anorexia nervosa: Treatment and outcome. Acta Psychiatr. Scand., 65, 127–133.

Beck, A. T. (1976). Cognitive therapy and the emotional disorders. New York: International Universities Press.

Beck, J. C. & Brochner-Mortensen, K. (1954). Observations on the prognosis in anorexia nervosa. Acta Med. Scand., 149, 409–430.

Beier, E. G. & Young, D. M. (1984). The silent language of psychotherapy. New York: Aldine.

Bemis, K. M. (1978). Current approaches to the etiology and treatment of anorexia nervosa. Psych. Bulletin, 1978, 85, 593–617.

BmJFFG (Hrsg.) (1986). Internationale Klassifikation der Krankheiten, Verletzungen und Todesursachen. ICD-9. Stuttgart: Kohlhammer.

Boskind-Lodahl, M. (1976). Cinderella's stepsisters: a feminist perspective on anorexia nervosa. Signs, 2, 2, 342–356.

Bossert, S., Schnabel, E., Krieg, J.-C., Molitor, P., Kemper, J. & Berger, M. (1987). Integratives stationär-ambulantes Therapiekonzept bei Patienten mit Anorexia nervosa: Ein revidierter Therapieansatz. Psychoth. med. Psychol., 37, 331–336.

Bruch, H. (1962). Perceptual and conceptual disturbances in anorexia nervosa. Psychosom. Med., 24, 187–194.

Bruch, H. (1973). Eating disorders: obesity, anorexia nervosa and the person within. New York: Basic Books.

Bruch, H. (1974). Perils of behaviour modification in the treatment of anorexia nervosa. J. Am. Med. Ass., 230, 1419–1422.

Bruch, H. (1975). Behaviour therapy in anorexia nervosa. Letter to the editor. J. Am. Med. Ass., 233, 317–318.

Bruch, H. (1980). Der goldene Käfig. Das Rätsel der Magersucht. Frankfurt: Fischer.

Bruch, H. (1985). Four decades of eating disorders. In: Garner, D. M. & Garfinkel, P. E. (Eds.). Handbook of psychotherapy for anorexia nervosa and bulimia. New York: Guilford, 7–18.

Bruch, H. (1990). Das verhungerte Selbst. Gespräche mit Magersüchtigen. Frankfurt: Fischer.

Bruch, H. (1991). Eßstörungen. Zur Psychologie und Therapie von Übergewicht und Magersucht. Frankfurt: Fischer TB. (Dt., gekürzte Ausgabe von: Eating disorders: Obesity, anorexia nervosa, and the person within. New York: Basic Books 1973.)

Burger, H. (1982). Die künstliche Mutter. Frankfurt: Fischer.

Charcot, J. M. (1889). Disorders of the nervous system. London: New Sydenham Society.

Cooper, P. J., Taylor, M. J., Cooper, Z. & Fairburn, C. G. (1987). The development and validation of the body shape questionaire. Int. J. Eating Disorders, 6, 485–494.

Cremerius, J. (1978). Zur Prognose der Anorexia nervosa. In: Cremerius, J.: Zur Theorie und Praxis der Psychosomatischen Medizin. Frankfurt: Suhrkamp, 321–336.

Crisp, A. H. (1980). Anorexia nervosa: Let me be. London: Academic Press.

Crisp, A. H., Burns, T. & Bhat, A. V. (1986). Primary Anorexia nervosa in the male and female: a comparison of clinical features and prognosis. Brit. J. med. Psychol., 59, 123–132.

Dare, C. (1982). Individual and family psychotherapy in anorexia nervosa. Paper presented at the international association for child and adolescent psychiatry and allied professions, 10th International Congress, July, Dublin, Ireland.

Dare, C. (1984). Review paper: Family therapy in anorexia nervosa. International conference on anorexia nervosa and related disorders, 3rd to 7th Sept., Swansea, UK.

Deter, H. C., Petzold, E. & Hehl, F.-J. (1989). Differenzierung von Langzeitwirkungen einer stationären psychosomatischen Therapie von Anorexia-nervosa-Patienten. Z. psychosom. Med., 35, 68–91.

Deutsche Gesellschaft f. Ernährung (Hrsg.) (1988). Ernährungsbericht 1988. Frankfurt.

Dilling, H., Mombour, W. & Schmidt, M. H. (1991). Internationale Klassifikation psychischer Störungen ICD-10. Bern: Huber.

Feighner, P., Robins, E., Guze, S., Woodruff, A., Winiokur, G. & Munoz, R. (1972). Diagnostic criteria for use in psychiatric research. Arch. Gen. Psychiatry, 26, 57–63.

Fichter, M. M. (1985). Magersucht und Bulimia. Berlin: Springer.

Fisher, S. & Cleveland, S. E. (1968). Body image and personality. New York: Dover (2nd rev. ed.).

Frahm, H. (1966). Beschreibung und Ergebnisse einer somatisch orientierten Behandlung von Kranken mit Anorexia nervosa. Med. Welt, 38, 2004–2011 und 2068–2072.

Franke, A. (1980). Klientenzentrierte Psychotherapie bei Anorexia nervosa? In: Hautzinger, M. & Schulz, W. (Hrsg.). Klinische Psychologie und Psychotherapie – 3. Tübingen/Köln: DGTV/GwG, 277–285.

Franke, A. (1981). Zur Anwendung klienten-zentrierter Psychotherapie bei Anorexia nervosa. In: Meermann, R. (Hrsg.). Anorexia nervosa. Stuttgart, 150–157.

Franke, A. (1988). Ambulante Behandlung von Patientinnen mit Anorexia nervosa. Praxis klin. Verh.-Med. & Rehab., 1, 157–164.

Franke, A. (1990). Hilfreiche Faktoren bei der Bewältigung von Anorexia nervosa aus der Sicht ehemals betroffener Frauen. In: Zielke, M. & Mark, N. (Hrsg.). Fortschritte der angewandten Verhaltensmedizin. Heidelberg: Springer, 399–416.

Franke, A. 1991). Verhaltenstherapie bei Anorexia nervosa. Verhaltenstherapie psychosoz. Praxis, 23 (1), 5–18.

Franke, A. (1992). Gruppentraining gegen psychosomatische Störungen. Weinheim: Psychologie Verlags Union, 2. Aufl.

Franks, C. M. & Wilson, G. T. (1978). Jahresüberblick der Verhaltenstherapie. Tübingen: DGVT 1979.

Garfinkel, P. E. & Garner, D. M. (1982). Anorexia nervosa: a multidimensional perspective. New York: Brunner/Mazel.

Garfinkel, P. E. & Garner, D. M. (Eds.) (1986). Drug Therapies for Eating Disorders. New York: Brunner/Mazel.

Garfinkel, P. E., Modolfsky, M. & Garner, D. M. (1977). Prognosis in anorexia nervosa as influenced by clinical features, treatment and self-perception. Can. Med. Ass. J., 117, 1041–1045.

Garner, D. M. (1985). Iatrogenesis in anorexia nervosa and bulimia nervosa. Int. J. of Eating Disorders, 4 (4), 701–726.

Garner, D. M. & Bemis, K. M. (1982). A cognitive-behavioral approach to anorexia nervosa. Cognitive Therapy and Research, 6, 123–150.

Garner, D. M. & Bemis, K. M. (1985). Cognitive therapy for anorexia nervosa. In: Garner, D.M. & Garfinkel, P.E. (Eds.). Handbook of psychotherapy for anorexia nervosa and bulimia. New York: Guilford, 107–146.

Garner, D. M. & Garfinkel, P. E. (Eds.) (1985). Handbook of psychotherapy for anorexia nervosa and bulimia. New York: Guilford.

Garner, D. M., Garfinkel, P. E. & Bemis, K. M. (1982). A multidimensional psychotherapy for anorexia nervosa. Int. J. Eating Disorders, 1, 3–46.

Gerlinghoff, M. & Backmund, H. (1989). Magersucht. Anstöße für eine Krankheitsbewältigung. Stuttgart: Trias-Thieme, Hippokrates, Enke.

Gerlinghoff, M. & Ploog, D. (1987). Anorexia nervosa und Bulimie. Eine mehrdimensionale stationäre Psychotherapie. Psychother. med. Psychol., 37, 312–316.

Gull, W. W. (1874). Anorexia Nervosa (Apepsia Hysterica, Anorexia Hysterica). Trans. Clin. Soc. London, 7, 22–28.

Hall, A. (1985). Group psychotherapy for anorexia nervosa. In: Garner, D. M. & Garfinkel, P. E. (Eds.). Handbook of psychotherapie for anorexia nervosa and bulimia. New York: Guilford, 213–239.

Hall, A. & Crisp, A. H. (1987). Brief psychotherapy in the treatment of anorexia nervosa. Outcome at one year. Brit. J. Psychiatry, 151, 185–191.

Halmi, K. A. (1985). Behavioral management for anorexia nervosa. In: Garner, D. M. & Garfinkel, P. E. (Eds.). Handbook of psychotherapy for anorexia nervosa and bulimia. New York: Guilford, 147–159.

Halmi, K. A., Brodland, G. & Rigas, C. A. (1975). A follow-up study of 79 patients with anorexia nervosa. An evaluation of prognostic factors and diagnostic criteria. In: Wirt, R. D., Winiokur, G. & Roff, W. (Eds.). Life history research in psychopathology (Vol. 4). Minneapolis: Univ. of Minesota Press.

Halmi, K. A., Goldberg, S. C., Casper, R. C., Eckert, E. D. & Davis, J. M. (1979). Pretreatment predictors of outcome in anorexia nervosa. Brit. J. Psychiatry, 134, 74–78.

Harper, G. (1983). Varieties of parenting failure in anorexia nervosa: Protection and parentectomy, revisited. J. Am. Academy of Child Psychiatry, 22, 134–139.

Hatsukami, D. (1985). Behavioral treatment of anorexia nervosa and bulimia. In: Mitchell, J. E. (Ed.). Anorexia nervosa and bulimia: Diagnosis and treatment. Minneapolis: University of Minnesota Press, 105–133.

Hendren, R. L., Atkins, D. M., Sumner, C. R. & Barber, J. K. (1987). Model for the group treatment of eating disorders. Int. J. Group Psychother, 37 (4), 589–602.

Hentze, M. (1989). Prognosefaktoren des langfristigen Behandlungserfolges von Anorexia nervosa aufgrund einer katamnestischen Studie. Unveröffentl. Dissertation, Univ. Hamburg.

Herzog, D. B., Keller, M. B. & Lavori, P. W. (1988). Outcome in anorexia nervosa and bulimia nervosa. A review of the literature. J. Nervous & Mental Disease, 176, 131–143.

Hsu, L. K. G. (1980). Outcome of anorexia nervosa: A review of the literature (1954 to 1978). Arch. General Psychiatry, 37 (9), 1041–1046.

Hsu, L. K. G. (1982). Is there a disturbance in body image in anorexia nervosa? J. Nervous & Mental Disease, 170, 305–307.

Hsu, L. K. G. (1988). The outcome of anorexia nervosa: a re-appraisal. Psychol. Med., 18, 807–812.

Hsu, L. K. G., Crisp, A. H. & Harding, B. (1979). Outcome of anorexia nervosa. Lancet, 1, 61–65.

Kafka, F. (1965). Der Hungerkünstler. In: Gesammelte Erzählungen. Frankfurt: Fischer, 255–268.

Kalucy, R. S., Gilchrist, P. N., McFarlane, C. M. & McFarlane, A. C. (1985). The evolution of a multitherapy orientation. In: Garner, D.M. & Garfinkel, P.E. (Eds.). Handbook of psychotherapy for anorexia nervosa and bulimia. New York: Guilford, 458–487.

Kay, D. W. & Leigh, D. (1954). The natural history, treatment and prognosis of anorexia nervosa, based on a study of 38 patients. J. mental science, 100, 411–430.

Klessmann, E. & Klessmann, H.-A. (1988). Heiliges Fasten, heilloses Fressen. Die Angst der Magersüchtigen vor dem Mittelmaß. Bern: Huber.

Klessmann, E. & Terp, U. (1985). Ambulante Behandlung bei Anorexia nervosa. In: Deutsche Hauptstelle gegen die Suchtgefahren – DHS (Hrsg.). Süchtiges Verhalten. Grenzen und Grauzonen im Alltag. Hamm: Hoheneck, 155–166.

Köhle, K. & Simons, C. (1986). Anorexia nervosa. In: v. Uexküll, T. (Hrsg.). Lehrbuch der psychosomatischen Medizin. München: Urban & Schwarzenberg (3. Aufl.) 600–640; 1990 (4. Aufl.) 582–613.

Krebs, B. (1991). Eßstörungen oder die Sehnsucht nach Frau (Skizzen zum weiblichen Binnenraum). In: Frauen lernen leben e. V. (Hrsg.). Die unerträgliche Schwere des weiblichen Seins. Köln: Eigenverlag, 18–29.

Kreipe, R. E., Churchill, B. H. & Strauss, J. (1989). Long-term outcome of adolescents with anorexia nervosa. Am. J. Diseases of Children, 143 (11), 1322–1327.

Lambley, P. (1983). How to survive anorexia. London: Frederick Miller Ltd.

Lanzi, G., Balottin, U. & Borgatt, R. (1987). Follow-up study of thirty-three hospitalized anorexic patients. Int. J. Psychosomatics, 34 (3), 3–6.

Lasègue, E. C. (1873). De l'anorexie hystérique. Arch. Gen. Med. 385 ff. Reprint in: Kaufman, W. R. & Heimann, M. (Eds.) 1964. Evolution of psychosomatic concepts. Anorexia nervosa: A paradigma. New York: Int. Univ. Press, 141–155.

Lawrence, M. (1986). Ich stimme nicht. Identitätskrise und Magersucht. Reinbek: Rowohlt.

Lehmkuhl, G., Schmidt, M. & Masberg, J. (1989). Selbstwahrnehmung jugendlicher Patienten mit Anorexia nervosa. Musikther. Umschau, 10, 152–160.

MacLeod, S. (1983). Hungern meine einzige Waffe. München: Knaur.

Mader, P. (1990). Gestörtes Eßverhalten. Hamburg: Neuland.

McKenna, M. S. (1991). Anorexia nervosa and bulimia nervosa. In: Sederer, L. I. (Ed.). Inpatient psychiatry. Baltimore: Williams & Williams, 141–166.

Meermann, R. & Vandereycken, W. (1987). Therapie der Magersucht und Bulimia nervosa. Berlin: Walter de Gruyter.

Miller, A. (1981). Du sollst nicht merken. Frankfurt: Suhrkamp.

Minuchin, S., Rosman, B. L. & Baker, L. (1978). Psychosomatic families: Anorexia nervosa in context. Cambridge: Harvard University Press.

Morgan, H. G., Purgold, J. & Welbourne, J. (1983). Management and outcome in anorexia nervosa. A standardized prognostic study. Brit. J. Psychiatry, 143, 282–287.

Morgan, H. & Russell, G. (1975). Value of family background and clinical features as predictors of long-term outcome in anorexia nervosa: Four-year follow-up study of 41 patients. Psychol. Med., 5, 355–371.

Niebel, G. (1987). Psychopathologische Aspekte gestörten Eßverhaltens bei Frauen I – Zur Bedeutung und Funktion des Körperbildes und seiner Determination. Z. Psychother. med. Psychol., 37, 317–323.

Nitz, H.-R. (1987). Anorexia nervosa bei Jugendlichen. Kontext der Störung und Ergebnisse familientherapeutischer Behandlungen. Berlin: Springer.

Nussbaum, M., Shenker, I. R., Baird, D. & Saravay, S. (1985). Follow-up investigation in patients with anorexia nervosa. J. pediatrics, 106 (5), 835–840.

Orbach, S. (1978). Anti-Diätbuch. München: Frauenoffensive.

Orbach, S. (1987). Hungerstreik. Düsseldorf: Econ.

Paul, T. & Jacobi, C. (1989). Verhaltenstherapeutische Maßnahmen bei Eßstörungen. In: Hand, I. & Wittchen, H.-U. (Hrsg.). Verhaltenstherapie in der Medizin. Berlin: Springer, 327–347.

Pertschuk, M. J. (1977). Behavior Therapy: Extended Follow-up. In: Vigersky, R. A. (Ed.). Anorexia nervosa. New York: Raven, 305–314.

Probst, M., van Coppenolle, H., Vandereycken, W. & Meermann, R. (1990). Zur Evaluation der Körperbild-Wahrnehmung bei Patienten mit Anorexia nervosa. Psychiat. Praxis, 17, 115–120.

Pudel, V. & Westenhöfer, J. (1991). Ernährungspsychologie. Göttingen: Hogrefe.

Remschmidt, H., Wienand, F. & Wewetzer, Ch. (1990). The long-term course of anorexia nervosa. In: Remschmidt, H. & Schmidt, M. H. (Hrsg.). Anorexia nervosa. Toronto: Hogrefe & Huber, 127–136.

Rosman, B. L., Minuchin, S., Baker, L. & Liebmann, R. (1977). A family approach to anorexia nervosa: study, treatment and outcome. In: Vigersky, R. (Hrsg.). Anorexia nervosa. New York: Raven, 341–348.

Ryle, A. & Evans, C. D. H. (1991). Some meanings of body and self in eating disordered and comparison subjects. Brit. J. Med. Psychol., 64, 273–283.

Schlipper, A. (1992). Gewitter im Bauch. Recklinghausen: Bitter.

Schmidt, G. (1985). Familientherapie bei Patienten mit Eßstörungen, insbesondere bei Anorexia nervosa. In: Brakhoff, J. (Hrsg.). Eßstörungen. Ambulante und stationäre Behandlung. Freiburg: Lambertus.

Schmitz, B., Ecker, D. & Hofmann, C. (1991). Stationäre Gruppentherapie bei Patientinnen mit Anorexia und Bulimia nervosa. Verhaltensther. u. psychosoz. Praxis, 23 (1), 19–37.

Selvini Palazzoli, M. (1974). Self-starvation. From the intrapsychic to the transpersonal approach to anorexia nervosa. London: Chancer.

Selvini Palazzoli, M. (1982). Magersucht. Stuttgart: Klett-Cotta.

Shontz, F. C. (1977). Body image and its disorders. Int. J. Psychiatry in Medicine, 1974, 5, 461–472. Nachdruck in: Lipowski, Z. J., Lipsitt, D. R. & Whybrow, P. C. (Eds.). Psychosomatic medicine. New York: Oxford Univ. Press, 150–161.

Slade, P. D., Dewey, M. E., Newton, T., Brodie, D. & Kiemle, G. (1990). Development and preliminary validation of the Body Satisfaction Scale (BSS). Psychol. and Health, 4, 213–220.

Steinhausen, H. Ch. & Glanville, K. (1983). Follow-up studies of anorexia nervosa – a review of research findings. Psychol. Med., 13, 239–249.

Steinhausen, H. C. & Glanville, K. (1984). Der langfristige Verlauf der Anorexia nervosa. Nervenarzt, 55 (5), 236–248.

Strauss, B. & Appelt, H. (1983). Ein Fragebogen zur Beurteilung des eigenen Körpers. Diagnostica, 29 (2), 145–164.

Strober, M. & Yager, J. (1985). A developmental perspective on the treatment of anorexia nervosa in adolescents. In: Garner, D. M. & Garfinkel, P. E. (Eds.). Handbook of psychotherapy for anorexia nervosa and bulimia. New York: Guilford, 363–390.

Suematsu, H., Kubotki, T. & Itoh, T. (1985). Statistical studies on the prognosis of anorexia nervosa. Psychotherapy and Psychosomatics, 43, 104–112.

Szmukler, G. (1982). Drug treatment of anorectic states. In: Silverstone, T. (Ed.). Drugs and appetite. London: Academic Press, 159–181.

Szmukler, G. I. & Russell, G. F. M. (1986). Outcome and prognosis of anorexia nervosa. In: Brownell, K. D. & Foreyt, J. P. (Eds.). Handbook of eating disorders. New York: Basic Books, 283–300.

Theander, S. (1970). Anorexia nervosa: a psychiatric investigation of 44 female cases. Acta Psychiatr. Scand., 214, 1–194.

Theander, S. (1983). Research on outcome and prognosis of anorexia nervosa and some results from a swedish long-term study. Int. J. Eating Disorders, 2, 167–174.

Thomä, H. (1961). Anorexia nervosa – Geschichte, Klinik und Theorien der Pubertätsmagersucht. Bern: Huber.

Tolstrup, K., Brinch, M., Isager, T., Nielsen, S., Nystrup, J., Severin, B. & Olesen, N. S. (1985). Long-term outcome of 151 cases of anorexia nervosa. The Copenhagen anorexia nervosa follow-up study. Acta Psychiatr. Scand., 71, 380–387.

Vandereycken, W., van Deth, R. & Meermann, R. (1990). Hungerkünstler, Fastenwunder, Magersucht. Eine Kulturgeschichte der Eßstörungen. Zülpich: Biermann.

Walser, M. (1991). Die Verteidigung der Kindheit. Frankfurt: Suhrkamp.

Watzlawick, P., Beavin, J. H. & Jackson, D. D. (1985). Menschliche Kommunikation. Bern: Huber (7. Aufl.).

Watzlawick, P., Weakland, J. H. & Fisch, R. (1974). Lösungen. Bern: Huber.

Weber, G. & Stierlin, H. (1989). In Liebe entzweit. Reinbek: Rowohlt.

Westenhöfer, J., Pudel, V., Maus, N. & Schlaf, G. (1987). Das kollektive Diätverhalten deutscher Frauen als Risikofaktor für Eßstörungen. Akt. Ernährungsmedizin, 12, 154–159.

Williamson, D. A., Davis, C. J., Bennett, S. M., Goreczny, A. J. & Gleaves, D. H. (1989). Development of a simple procedure for assessing body image disturbances. Beh. Assessment, 11, 433–446.

Ziesat, H. A. & Ferguson, J. M. (1984). Outpatient treatment of primary anorexia nervosa in adult males. J. of Clinical Psychol., 40 (3), 680–690.

Ziolko, H. U. (1978). Zur Katamnese der Pubertätsmagersucht. Arch. f. Psychiatrie u. Nervenkrankheiten, 225, 117–125.

Ess-Störungen überwinden

Essen kann jeder, oder? Nein, meinen die Autoren aus dem weltweit anerkannten »Therapie-Centrum für Ess-Störungen« (TCE) in München, Essen will gelernt sein, denn: Die Grenzen zwischen anscheinend normalem Essverhalten und ernsthaften Ess-Störungen wie Magersucht und Bulimie sind fließend. Aus jahrelanger Erfahrung in der Behandlung von essgestörten Patienten und aus der Sicht von Betroffenen werden Möglichkeiten aufgezeigt und Anleitungen gegeben, wie das eigene Essverhalten analysiert und Störungen überwunden werden können.

Monika Gerlinghoff / Herbert Backmund
Essen will gelernt sein
Ess-Störungen erkennen und behandeln
Beltz Taschenbuch 810, 207 Seiten
ISBN 3 407 22810 4

BELTZ Taschenbuch

Hilfe bei Ess-Störungen

Dr. med. Monika Gerlinghoff
Dr. med. Herbert Backmund
Dr. phil. Norbert Mai

Magersucht und Bulimie
Verstehen und bewältigen

BELTZ

Schwerwiegende Ess-Störungen konfrontieren Betroffene und Angehörige mit ganz besonderen Herausforderungen. Die Autoren setzen sich mit den Erkrankten und ihren Familien auseinander, mit gesellschaftlichen Begleiterscheinungen und den therapeutischen Versuchen, Magersucht und Bulimie zu heilen. Die Betroffenen selbst kommen ausführlich zu Wort. Ihre Aufzeichnungen vermitteln unerwartete Einblicke in das »Kranksein« an Magersucht und Bulimie. Verstehen dieses »Krankseins« ist für die Autoren nicht nur Rückbesinnung auf die Kranken, sondern ein entscheidender Zugang zum Begreifen von Magersucht und Bulimie.

»Ein umfassendes und aus der langjährigen klinischen Erfahrung mit essgestörten Patienten entwickeltes Therapiekonzept, das durchaus Anregungen für die Praxis bieten kann und in dem Zugangswege zu den wesentlichen Aspekten dieses Krankheitsbildes beschrieben werden.« *Verhaltenstherapie*

Monika Gerlinghoff / Herbert Backmund /
Norbert Mai
Magersucht und Bulimie
Verstehen und bewältigen
Beltz Taschenbuch 804, 269 Seiten
ISBN 3 407 22804 X

BELTZ
Taschenbuch

Schlucken und Schweigen – die »stille« Sucht

Sucht oder Sehnsucht – dieses Buch beschäftigt sich mit dem Suchtmittel-missbrauch aus der weiblichen Perspektive.

Warum geraten Frauen in die Sucht? Was ist der vermeintliche Gewinn? Wovor fliehen sie? Während die Sucht bei Mann und Frau rein körperlich ähnlichen Mechanismen folgt, ist die Wahl des Suchtmittels eindeutig unterschiedlich gewichtet. Unterschiedlich auch das Suchtverhalten, die Motivation und vor allem der Weg aus der Sucht heraus. Frauen praktizieren ihre Sucht heimlich, still und leise. Sie wählen den Weg »Schlucken und Schweigen« als offenkundig weiblichen Lösungsweg für Schwierigkeiten und Probleme mit sich selbst, in der Beziehung, der Familie und am Arbeitsplatz.

Lorelies Singerhoff informiert über verschiedene Suchtmittel, deren Wirkung und Risiken, beschreibt die Entwicklung und den Verlauf von Abhängigkeitserkrankungen und gibt viele Tipps, wie eine Frau beginnen kann, sich langsam wieder aus dem Abgrund einer Sucht herauszuarbeiten, um ihr Leben wieder eigenverantwortlich in die Hand nehmen zu können.

Lorelies Singerhoff
Frauen und Sucht
Eine Therapeutin und Betroffene berichten
Beltz Taschenbuch 840
269 Seiten
ISBN 3 407 22840 6

BELTZ Taschenbuch